100 FOOT WAVE
REINO DE HAWÁI

Reclamándolo

No es presumir si es verdad.

Milton Bradley Willis,
Campeón del Mundo Surfista extremo de olas grandes

Michael Clebert Willis,
Campeón del Mundo Surfista extremo de olas grandes

Todo es posible con Amor.
Aloha ke Akua

100 FOOT WAVE
El Libro Oficial

JARDÍN DEL DIABLO
Reino de Hawái
La mejor historia de surf jamás contada

"La Ilíada, la Odisea y la Biblia todo en uno"...
JARDÍN DEL DIABLO

¡Ir! ¡Ir! ¡Ir!

Sin vuelta atrás!!!

<u>Portada:</u>

Primera fotografía documentada 100 FOOT WAVE 1985.

Surfer Ace Cool.

Foto por Warren Bolster.

<u>Contraportada:</u>

Milton Bradley Willis y Michael Clebert Willis.

Fuera de las cabañas de troncos, calentando para JARDÍN DEL DIABLO, Miércoles más grande 1998, "Código Negro II"

Foto por Desconocido.

Foto del autor del libro "Caminando sobre el agua" por Andrew Martin.

Table of Contents

Solo 3 personas en el mundo han surfeado un

100 FOOT WAVE

O más grande

Alec Cooke, aka Ace Cool

Michael Clebert Willis

Milton Bradley Willis

**Las olas más grandes se pueden
montar en el Reino de Hawái**

Prefacio

En 100 OLA DE PIES, Reino de Hawái, el libro oficial, JARDÍN DEL DIABLO, el Santo Grial del Surf de olas grandes, la mejor historia de surf jamás contada (El Santo Grial del Surf de Olas Grandes, la Historia del Surf de Olas Grandes, la Historia del Surf de Olas Más Grande jamás contada), aprende sobre las pruebas y las tribulaciones, los triunfos y el drama del surf extremo de olas grandes. la cultura, la historia y el arte.

100 FOOT WAVE es mucho más que una fascinante aventura de surf. Este libro lleva al lector a un viaje en el que aprenderá cómo sobrevivir a las corrientes de resaca a la manera del surfista, aprender la rica lengua vernácula hawaiana, experimentar rescates dramáticos de surf y escalofriantes outs de surf de olas grandes, descubrir notables surfistas de olas grandes, reconocidos fotógrafos de surf de olas grandes, surfistas femeninas de olas grandes y mucho más...

El océano siempre ha sido una fuente de asombro y maravilla para los humanos, cautivándonos con su inmensidad y poder. Para algunos, el océano es más que un hermoso espectáculo; Es un patio de recreo, un desafío y una forma de vida. El surf de olas grandes es una de esas actividades que ha capturado los corazones de muchos, y el mundo del surf de olas grandes es una subcultura única y fascinante que pocos entienden realmente.

Los campeones mundiales de surf extremos de olas grandes, Milton Willis y Michael Willis, llevan a los lectores a un emocionante viaje a este emocionante mundo. Los hermanos Willis comparten sus experiencias personales, ideas y conocimientos brutalmente honestos y transparentes, arrojando luz sobre lo que se necesita para montar las olas más grandes del planeta.

Prepárate para un viaje líquido lleno de adrenalina como ningún otro. Despegue y adéntrese en el mundo del surf extremo de olas grandes desde las orillas arenosas de Solana Beach, California, hasta las magníficas olas de Waimea Bay en el Reino de Hawái y más allá a JARDÍN DEL DIABLO.

Lo que sigue es un cofre del tesoro de conocimiento, inspiración y espiritualidad.

 Hechos comprobados

JARDÍN DEL DIABLO...

Chapter 1

The Greatest Surfing Story Ever Told

DEVIL'S GARDEN

"If I ride the wings of the morning,
if I dwell by the farthest oceans,
even there your hand will guide me,
and your strength will support me."
Psalms 139:9-10

Primera parte
Los años formativos
Seaside, Cardiff Reef, y Swami's

"El mejor surfista del mundo es el surfista que más se divierte…"
- Duke Paoa Kahanamoku

Nacido para ser salvaje -

Concebidos en Pacific Beach, California, gestados en Jim Beam, leche en polvo y leche helada, los gemelos idénticos Milton Bradley Willis y Michael Clebert Willis nacieron bebé B y bebé C en Las Vegas en un caluroso día de verano de 1956. El mismo año nació Ace Cool en Boston. Los gemelos nacieron en Las Vegas (la 9th isla de Hawái), se criaron en California y crecieron en Hawái.

Su padre Milton Eugene Willis, que se hacía llamar Gene, era poeta y carpintero, específicamente era un tano de paneles de yeso. Un hombre brillante simple pero complejo que no ganó mucho dinero y se contentó con sobrevivir. Aunque residía en Pacific Beach, California, en ese momento, Gene había aceptado un trabajo temporal en Las Vegas.

Su madre, Sandra "Gypsy" Willis, de ascendencia francocanadiense, mexicana e india americana, era una reina de belleza infantil salvaje con una figura que giraba la cabeza. Tenía el pelo grueso y rizado de color negro azabache, una figura de reloj de arena y, según todos los informes, pechos inusualmente voluptuosos.

No queriendo aumentar de peso y arruinar sus curvas corporales nupciales, Sandra no comió durante su embarazo con los gemelos, sino que vivió del tónico Jim Beam, la leche eléctrica y la leche helada.

El día del nacimiento, el médico no apareció y en uno de los días más calurosos del verano, el 23 de agosto, los gemelos fueron entregados por una partera.

Poco después, la familia se mudó a Ventura, California, pero esto solo duró un año más o menos. Con la ayuda del padre de Gene, Clebert Willis, la joven familia Willis pudo comprar una casa de tamaño moderado en Solana Beach, California, cerca del océano donde se criarían los gemelos.

Durante los veranos, Gene y Gypsy llevaban a la familia que ahora había crecido para incluir a un hermano menor, Eugene, y una hermana menor, Dana, a la playa más cercana conocida como Pillbox. Pillbox lleva el nombre de un viejo búnker que se había construido allí para vigilar a los invasores japoneses durante la Segunda Guerra Mundial.

Fue en Pillbox donde los gemelos fueron introducidos por primera vez en el océano y al surf. Primero, nadaron y surfearon con su padre, luego progresaron a colchonetas de lona y aproximadamente a la edad de 11 años se graduaron para surfear en una vieja tabla de surf de madera de balsa.

La vida hogareña durante este período podría considerarse dura. Milton y Gypsy tenían una relación tipo Richard Burton y Elizabeth Taylor, Lucille Ball y Desi Arnaz. Estaban constantemente peleando. A veces la pelea se ponía tan mala que todas las ventanas de la casa eran golpeadas frente a los niños. El Día de Acción de Gracias y la Navidad fueron los peores.

Gypsy eventualmente sufriría una serie de crisis mentales que duraron de forma intermitente durante décadas. Ella cortaba la ropa de Gene y rompía todas las ventanas de la casa en más de una ocasión. A veces corría por la calle desnuda gritando a los vecinos. En varias ocasiones se la llevaron pateando y gritando con una camisa de fuerza.

En ese momento, los médicos consideraron que sería importante para la curación de Gypsy si la familia viniera a visitarla a la sala mental. No importa el impacto que esto tendría en cualquier niño sano que visite una casa de nueces. Tiene un impacto en ti.

Afortunadamente para los gemelos, a los 11 años ya estaban algo solos.

Un amigo y compañero de clase en 5º grado, Mark Snyder invitó a Michael a surfear y los dos se turnaron para montar las olas de 2 pies de Pillbox en una vieja tabla de surf de madera de balsa de 9'0". Al día siguiente, Milton se unió a la diversión atrapando su primera ola en la misma vieja tabla de balsa destartalada. Este fue el comienzo de la aventura de toda la vida del surf.

Los gemelos eran buenos atletas, involucrados en todo tipo de deportes desde fútbol, béisbol, baloncesto, atletismo, pero fue el surf el que tuvo prioridad. Era difícil volver a casa a una casa oscura después de la escuela con todas las cortinas cerradas en un día hermoso y brillante, por lo que la mayoría de las veces los niños iban a Pillbox a surfear por diversión y buscar un momento de refugio de la vida hogareña. Para cuando los gemelos llegaron a la escuela secundaria, ya eran surfistas consumados.

La vida en el hogar era básicamente un lugar seguro para dormir por la noche. Aunque los hermanos eran buenos estudiantes, la escuela no era obligatoria. No era raro que Milton mirara fuera del aula y viera a un niño sentado debajo de un árbol en loto que pasaba el tiempo.... Michael.

Milton era diligente, disciplinado y centrado, Michael, por otro lado, era más un espíritu libre, un inconformista que seguía su propia luz guía.

La vida en la playa era libre de estrés y emocionante en comparación con la escuela y la vida familiar. La vida social de los hermanos Willis consistía principalmente en otros niños clave que habían llegado a encontrar el surf como su lugar de refugio. Mientras que otros niños participaban en una miríada de actividades diferentes,

Milton y Michael pasaban la mayor parte de su tiempo después de la escuela y los fines de semana en la playa.

Debido a que estaba a poca distancia para los niños, Pillbox por defecto era la playa de elección, sin embargo, Milton y Michael no tardaron mucho en superar las pequeñas olas rompientes de la playa.

Los gemelos junto con sus amigos Tiger Gonzales, Bill Fairbrother y Frank Smith comenzaron a aventurarse más allá de Solana Beach. La madre de Fairbrother, una madre soltera, llevaría a los niños al norte, a Cardiff Reef y Pipes, justo al sur de un lugar llamado Swamis. Más tarde, en la escuela secundaria, todos los niños obtuvieron sus licencias de conducir y con una camioneta Ford Falcon dotada del abuelo Clebert exploraron más arriba y abajo de la costa surfeando desde Windansea y Blacks hasta Oceanside y San Clemente (Trestles).

En su mayor parte, se podía ver a los hermanos Willis surfeando diariamente perfeccionando sus habilidades, ya sea en Seaside Reef, Cardiff Reef o Swamis, los tres fueron considerados su descanso en casa.

El surf había comenzado como un escape, un refugio seguro de la tormenta familiar, pero ahora se había convertido en una práctica sagrada. El surf era puro, limpio, empoderador y, lo mejor de todo, gratis.

Fue durante este tiempo a finales de los 60 y principios de los 70 que los hermanos Willis se metieron en la construcción de tablas de surf. Milton compró una cepilladora de habilidades eléctricas a su compañero de clase Peter Sprague, virtuoso guitarrista de jazz y maestro surfista. También compraron una tabla de surf en blanco en la tienda de surf de Mitch en La Jolla y los chicos comenzaron con su primera tabla de surf. En ese momento, las principales marcas de tablas de surf eran las tablas de surf Sunset y las tablas de surf de Hansen.

Poco sabían Milton y Michael, ya que la formación de tablas de surf y el surf de los niños se convertiría en un esfuerzo de por vida que eventualmente los llevaría por todo el mundo.

Todo lo que Milton hizo lo hizo con 100 por ciento de pasión y compromiso, incluyendo dar forma y vidrio a las tablas de surf. No pasó mucho tiempo desde que los hermanos Willis diseñaron y fabricaron tablas de surf para ellos y amigos de forma regular.

Siempre progresista, Milton construyó una sala de moldeado y vidrio en el patio trasero de sus padres utilizando madera de desecho que recogió de un gran proyecto de condominios que se estaba construyendo cerca.

Para el logotipo de la tabla de surf Willis, Barry Castle, un gran surfista y amigo se le ocurrió la idea de usar el símbolo del átomo.

Después de graduarse de la escuela secundaria en Solana Beach, los hermanos Willis se mudaron a San Dieguito High School en Encinitas. Aquí, junto con el entrenador Al Southworth Milton y Michael ayudaron a establecer el primer Surfing P.E. class en la nación en 1973.

La mayor influencia para los hermanos Willis tanto en la formación de tablas de surf como en la conducción de grandes olas durante estos años formativos fue sin duda Andrew Smith de Pacific Beach, miembro del famoso Windansea Surfing Club.

Fue la energía de Andrew Smith quien no solo educó a los hermanos Willis en los fundamentos de la forma y el diseño de tablas de surf, sino que Andrew fue un veterano incondicional de North Shore O'ahu y inspiró a los hermanos Willis a soñar más allá de las costas de California.

Andrew fue mentor de los gemelos en el surf de olas grandes cuando les presentó a su primer héroe de surf de olas grandes de buceo, natación y waterman, Kit Horn. Kit y Andrew animaron a los chicos a surfear en la playa de Blacks en La Jolla, California, y despegar en las olas más grandes lo más tarde y empinadas posible para entrenarlos para su sueño ... para experimentar y surfear las famosas olas de la costa norte de O'ahu Hawái.

Después de graduarse de la escuela secundaria, Michael tomó un trabajo dando forma a tablas de surf en Encinitas para las prestigiosas tablas de surf Sunset propiedad de Ed Wright.

Ed era un maestro moldeador y un hombre piadoso. Todas las mañanas antes del trabajo, Ed guiaba a todos los trabajadores en oración.

Michael pudo trabajar junto a algunos de los mejores modeladores de tablas de surf de todos los tiempos en Sunset Surfboards, incluidos Bill Shrosbree, Sid Madden, Mike Croteau, Pat Flecky y Tim Bessell.

Mientras Michael daba forma a las tablas de surf en Encinitas, Milton con solo $ 500 en el bolsillo se fue a Hawái para vivir el sueño con su amigo de la infancia Frank Smith. Directamente del avión, tomaron un autobús a Honolulu y compraron un automóvil usado por $ 150 y condujeron directamente a North Shore. Encontraron una casa en construcción en Pupekea, cerca de la antigua finca de Elvis Presley, que iban allí tarde en la noche y se iban temprano en la mañana, por lo que nadie sabía que vivían allí con una dieta de avena, chile y arroz.

El joven Milton rápidamente tomó estas poderosas olas, lo cual fue bastante valiente teniendo en cuenta que no había correas en ese momento, y nunca antes había surfeado olas tan grandes. Pero vino preparado. Había traído un carcaj de tablas de surf que iban desde 6'6 "a 8'6".

Milton recogía conchas de puka entre sesiones de surf para subsidiar el estilo de vida. Los collares de conchas Puka eran muy populares en ese momento y había una cultura de recolectores de conchas puka que podían ganarse la vida vendiendo collares por hasta $ 100 cada uno. Unos años más tarde, tanto Milton como Michael residían en Hawái.

Desde Seaside, Cardiff Reef y Swamis hasta Sunset Beach, Pipeline y Waimea Bay -

A principios de la década de 1980, los hermanos Willis estaban firmemente establecidos en la costa norte de O'ahu y poseían y operaban una tienda de surf en la playa en Hale'iwa.

Los mejores surfistas del mundo estaban surfeando tablas de surf Willis Hermanos incluyendo Andy Irons, Bruce Irons, Liam McNamara, Garrett McNamara, Jason Magers, Betty Depolito y Johnny Boy Gomes. Mark Foo y Ace Cool también hicieron que los hermanos Willis dieran forma a sus grandes cañones de olas para los arrecifes exteriores. Una de las tablas de surf de 13'0 "que los hermanos formaron para Ace Cool permaneció frente a la tienda como un atractivo para turistas y lugareños por igual cuando Ace no la usaba para surfear olas extremadamente grandes.

¿Quién tiene una tabla de surf Ola Grande Pistola de 13 pies? ¿Quién hace eso? ¡Ace Cool ese es quién! Esta tabla de surf Ola Grande Pistola era larga, gruesa, ancha, puntiaguda en ambos extremos y tenía una aleta única acristalada. En la nariz del tablero había un gran símbolo de átomo.

Hubo varios moldeadores de tablas de surf de renombre que ayudaron a los hermanos Willis a mantenerse al día con la gran demanda de sus tablas de surf de alto rendimiento que incluían a Randy Sleigh, el miembro del salón de la fama Sam Hawk, Chris Hawk, el legendario Mike Diffenderffer, Cort Gion, Mike Croteau y Greg Griffen.

Milton y Michael habían recorrido un largo camino desde su pequeña y humilde sala de entrenamiento en Solana Beach hasta Ed Wright y Sunset Surfboards en Encinitas, California. Con Hawái como su nueva base de operaciones y los mejores surfistas del mundo montando sus tablas, las tablas de surf Willis Hermanos lograron el reconocimiento internacional en el escenario mundial del surf haciendo realidad un sueño largamente buscado. A principios de la década de 1990, la revista Surfing incluyó a Michael Willis como uno de los cinco mejores entrenadores del mundo.

Mientras los hermanos Willis estaban dando forma a las tablas de surf para Mark Foo y Ace Cool, era natural que desarrollaran fuertes amistades dentro y fuera del océano. Cada vez que el oleaje alcanzaba los veinte pies o más en Waimea Bay, siempre podías contar con Ace Cool, Mark Foo y los hermanos Willis para estar surfeando.

En la última parte de diciembre de 1994, Mark Foo surfearía la gran bahía de Waimea por última vez. Después de surfear sin problemas un oleaje épico de Waimea Bay, Foo y algunos amigos abordaron un ojo rojo con destino a los Mavericks en Half Moon Bay California con la esperanza de perseguir ese mismo oleaje.

Aunque no tan grande como las olas en Waimea Bay, Mark Foo murió el 23 de diciembre en Mavericks después de desaparecer en una ola de 18 a 20 pies.

Parte II
"Código Negro I"
Las olas más grandes jamás remadas y surfeadas

"Los hermanos Willis surfean en la bahía de Waimea como siempre soñamos" - Fred Van Dyke

El año 1998 pasa a la historia como ningún otro en la historia del surf. El fenómeno meteorológico, El Niño, estaba en pleno efecto generando la tormenta más grande y feroz del siglo y un oleaje único en 100 años. Se estaba gestando una tormenta perfecta.

Domingo 25 de enero de 1998, un día que pasa a la historia como las olas más grandes jamás remadas y surfeadas en la Bahía de Waimea o en cualquier parte del mundo. Se emitió el primer "Condición Negro" oficial o "Código Negro", como se le conoce en la historia de Hawái. Código Negro es la alerta oficial de Defensa Civil de Hawái que declara que el océano está fuera del alcance de todos.

Se pronosticó que olas sin precedentes golpearían las islas hawaianas a las 4 pm de esa noche generadas por una feroz tormenta que se formaba frente a la costa de Japón en dirección a las islas hawaianas. El Servicio Meteorológico Nacional de los Estados Unidos estaba monitoreando vientos de sesenta y cinco nudos que soplan durante 36 horas a lo largo de mil millas generando olas masivas que se dirigían directamente a Hawái. Los datos de boyas registraron un período de olas de 25 segundos y alturas de olas sobre el océano abierto de veintiocho pies. El Servicio Meteorológico de la Nación calculó que las olas en la playa serían de

44 pies produciendo olas de más de 80 pies superando las grandes olas registradas desde 1969.

Por la mañana, los hermanos Willis y los mejores y más experimentados surfistas de olas grandes estaban practicando para el próximo concurso Quiksilver Eddie Aikau Ola Grande.

El concurso había sido pospuesto debido al pronóstico ominoso y a las 2:30 pm de ese día las olas estaban vacías de todos los surfistas. Queriendo aprovechar una alineación vacía, los hermanos Willis agarraron sus armas de olas grandes y se dirigieron a la playa. Milton era dueño de una casa cercana en un lugar llamado Three Tables, por lo que estaba a menos de cinco minutos a pie.

A lo largo del camino pasaron el surfista de olas grandes Ken Bradshaw que se dirigía hacia el otro lado. Ken informó a los hermanos que se pronosticaba que las olas cerrarían la bahía de Waimea y les advirtió que no salieran a la calle.

Sin desanimarse, Milton y Michael procedieron solo para encontrarse con el surfista de North Shore Ted Schmidt unos momentos después. Ted al escuchar la noticia de que Waimea Bay cerraría en una hora más o menos, había elegido no salir y no tenía su tabla de surf con él. Milton, por otro lado, fue exagerado sobre el pronóstico y relacionado con Schmidt "*Los surfistas de olas grandes surfean olas grandes, eso es lo que hacen los surfistas de olas grandes!!"*. Con una nueva confianza, Ted regresó a buscar su arma de olas grandes para unirse a los hermanos.

Cuando Milton y Michael bajaron a la playa no había otros surfistas de olas grandes a la vista. De hecho, la playa estaba vacía. Los Rolling Stones estaban apareciendo esa noche en Honolulu, tal vez todos estaban en el concierto. Ace Cool lo fue.

Mientras Milton y Michael estudiaban cuidadosamente las olas y esperaban la hora exacta para remar a Dave Yester, un salvavidas de North Shore de guardia en Waimea Bay subió en su quad para informarles de una situación de "Código Negro".

Hasta el día de hoy, Yester nunca había oído hablar de un "Código Negro" ni los hermanos Willis. Yester explicó que las playas ahora estaban legalmente cerradas y fuera del alcance de todos. Yester conocía y confiaba en ambos hermanos y si los Willis pensaban que podían hacerlo, entonces hazlo, pero ten en cuenta que la Bahía de Waimea cerraría en cualquier momento.

Después de esperar a que la poderosa rompiente disminuyera y a que se abriera en las olas, los gemelos que iban hombro con hombro saltaron al océano y comenzaron a remar. Con la Mano de Dios para guiarlos, salieron adelante. Ted Schmidt llegó a la playa justo a tiempo para ver las primeras olas gigantescas que llegaban.

Las olas del océano comenzaron a rugir elevándose a alturas espectaculares y, de hecho, algunas de las olas más grandes estaban cerrando la bahía de Waimea.

Por la gracia de un Poder Superior y el momento perfecto, Schmidt pudo unirse a los hermanos Willis, al igual que otros dos valientes profesionales australianos de surf de olas grandes, Ross Clark-Jones y Tony Ray.

Michael Willis y Ross Clark-Jones compartieron la primera ola juntos, una ola monstruosa de 60 pies para los estándares actuales. Ross era el hombre profundo que cabalgaba más cerca del rizo rompedor.

Aunque ambos surfistas tenían experiencia, era difícil hacer la fuerte caída y negociar la velocidad y la masa sólida pura de la ola. Ambos surfistas principalmente cabalgaron en línea recta conservadoramente hasta el centro de la bahía de Waimea antes de expulsar.

Michael y Ross fueron capaces de montar dos o tres olas más cada uno. Ted Schmidt y Tony Ray lograron lanzarse a la historia al atrapar respectivamente una ola cada uno.

Fue Milton Willis quien tomó la sesión cuando atrapó una ola de cierre descomunal y la recorrió todo el camino a través de la bahía de Waimea rebotando en una enorme bola de espuma y un labio emplumado. Con toda la ola cayendo, Milton cronometró su giro sin problemas, se enderezó, se volvió propenso y lo montó hasta la orilla.

La leyenda californiana del Surf de olas grandes, Peter Mel y principal contendiente para la competencia de olas grandes fue testigo de este paseo histórico y más tarde, después de estrechar la mano de Milton, le dijo que pensaba que Milton ganaría el K2 Ola grande Desafiar y el premio en efectivo de $50,000 por surfear la ola más grande del año.

Resultó que Taylor Knox, un surfista profesional estadounidense, finalmente ganaría el dinero del premio con una foto cristalina de él surfeando Todos Santos. La revista Surfing declaró que los hermanos Willis, cuyas fotos estaban granuladas y ligeramente desenfocadas, sin embargo, fueron los ganadores no oficiales.

Este premonitorio día lluvioso de cielo oscuro pasa a la historia como las olas más grandes jamás remadas y surfeadas.

Tres días después, un miércoles, las autoridades marinas locales de Hawái emitirían un segundo "Código Negro".

Lo mejor estaba por venir...

Parte III
"Código Negro II"
El Santo Grial del Surf de olas grandes
Las olas más grandes jamás surfeadas

Durante los próximos días, el oleaje comenzó a disminuir, pero se pronosticó que pronto llegarían olas más extremas. Los datos de la tormenta y la boya eran tan increíbles que muchos pensaron que era un error, ya que predecía las caras de las olas de más de 85 pies.

Martes 1/27/98 –

"No es lo que miras lo que importa, es lo que ves" - Henry David Thoreau

Robbie Page visionario... Robbie vio posibilidades.

Robert Roley, también conocido como Robbie Page, un líder espiritual australiano con el ojo de un halcón peregrino y su amigo Donovan Frankenreiter habían estado observando las olas construir todo el día desde la casa frente a la playa de Robbie frente al rompiente de surf Log Cabins. Donavon, un popular músico profesional, estaba allí tocando la guitarra y cantando con el sonido de las olas rompiendo acompañándolo.

Los hermanos Willis y el campeón australiano de surf Cheyne Horan se habían acercado para ver a Robbie, así como para aprovechar su vista frente a la playa para monitorear mejor las olas crecientes.

Directamente frente a la casa de Robbie había olas vacías y bien formadas rompiendo constantemente 30 pies o más. Robbie relató a los hermanos Willis y Cheyne "*Si el oleaje se vuelve tan grande como dicen que lo hará, creo que tendrás una oportunidad"*, mientras señalaba una enorme ola que se despegaba perfectamente a través del arrecife Outer Log Cabins.

Con todas partes en la costa norte ya cerrando y sabiendo que se pronosticaba que el oleaje continuaría aumentando cada vez más, Outer Log Cabins ciertamente parecía ser la mejor opción para surfear el inminente oleaje sin precedentes. En ese momento, los hermanos tomaron la decisión de surfear Outer Log Cabins a primera hora de la mañana al amanecer.

Fue Robbie Page bajo el Puu O Mahuka Heiau quien señaló que las cabañas de troncos exteriores serían posibles para surfear. Poco sabía nadie en ese momento, pero más allá de Outer Log Cabins, JARDÍN DEL DIABLO, el Santo Grial del Surf extremo de olas grandes los estaba esperando.

Miércoles 1/28/98 -

"La Intensidad de toda la Eternidad se siente en el AHORA." – Milton Bradley Willis

De Eddie Aikau a Outer Log Cabins a JARDÍN DEL DIABLO

Nunca antes o después nadie ha sido testigo del tamaño y la magnitud de las olas extremadamente grandes montadas en este día. Un día innovador tanto para la humanidad como para el surf extremo de olas grandes.

También marca la primera y última vez que el famoso y reconocido evento de surf de olas grandes Quiksilver Eddie Aikau sería cancelado debido a las alturas extremas de las olas.

Cada año, el concurso de surf de olas grandes Eddie Aikau invita a los mejores surfistas de olas grandes del mundo a probar sus habilidades en las olas más grandes y desafiantes del mundo ubicadas en la bahía de Waimea en la costa norte de Oʻahu.

Para celebrar el concurso de surf de olas grandes de Eddie Aikau, se estableció un tamaño mínimo de ola, declarando así que hasta que el surf alcance alturas de al menos 20 a 25 pies, 40 a 50 pies para los estándares actuales, el concurso tendría que ser reprogramado. Por lo tanto, se estableció un período de espera.

Algunos años el surf alcanza los requisitos de tamaño requeridos, otros años no, y esto es lo que hace que el Aikau sea el evento más prestigioso de todo el surf. ¡Tiene que ser GRANDE! Realmente grande o no está sucediendo. Después de todo, no puedes tener un evento de olas grandes a menos que las olas sean realmente grandes.

El pronóstico de surf *de este día* no estaba pidiendo grandes olas, estaba pidiendo *olas masivas.*

En la oscuridad antes del amanecer, los hermanos Willis estaban levantados y listos. El fuerte estruendo de las olas era una buena indicación de que el oleaje había llegado. Con la moto acuática Sea Doo abastecida de combustible y sus fiel tablas de remolque preparadas, era hora. Sigue el juego. Pero primero, se dirigieron a Starbucks en Foodland para tomar un café obligatorio para Milton antes de dirigirse a la playa y Outer Log Cabins.

El oleaje fue una buena noticia para el director del concurso Eddie Aikau, George Downing, ya que significaba que después de años de esperar a que la bahía de Waimea fuera lo suficientemente grande, habría un tamaño máximo de ola perfecto para la competencia de surf.

Con la expectativa de que el concurso fuera una oportunidad, expertos surfistas de olas grandes como Cheyne Horan, Ken Bradshaw y otros que se encontraban entre los invitados de Quiksilver se dirigieron a Waimea Bay para el concurso.

La sal era espesa en el aire. Los pronosticadores de olas tenían razón, las olas eran masivas. Los miles de espectadores, salvavidas, funcionarios de Quiksilver y concursantes en Waimea Bay no podían comprender lo que vieron. El oleaje golpeaba la bahía de Waimea transformando la bahía en un caldero agitado de espuma de mar con cierres gigantes y olas rompiendo en el canal. Parecía puro caos. Las olas atronadoras eran tan grandes que el coordinador del concurso, Randy Rarrick, estaba teniendo problemas para encontrar concursantes dispuestos a salir.

El área del concurso fue todo un escenario. Todos, incluidos Downing, Rarrick, los salvavidas y todos los invitados, estaban incómodos, tensos y confundidos. Todos se preguntaban si el evento de Eddie Aikau continuaría o si se cancelaría debido a las olas consideradas demasiado grandes para surfear humanamente.

Para ser considerado para el Eddie Aikau tienes que ser reconocido por Quiksilver como uno de los mejores jinetes de olas grandes del mundo. Además, la única forma de entrar es ser invitado. Resulta que estos mejores surfistas de olas grandes del mundo no querían tener nada que ver con estas olas.

Como concursantes invitados, Cheyne Horan y Ken Bradshaw fueron pelota y encadenados al concurso. Los hermanos Willis no habían sido invitados y ya se dirigían a Outer Log Cabins.

Sin embargo, sus planes se vieron interrumpidos con una reunión casual antes del amanecer en el Starbucks local de Foodland cuando se reunieron con el surfista profesional hawaiano Michael Ho, un invitado de Eddie Aikau.

Michael Ho informó a los hermanos Willis que ninguno de los invitados de Aikau estaba dispuesto a dar un paso adelante. Cabe señalar que a todos los surfistas invitados se les pagaría $500 solo para remar, independientemente de si atraparon una ola o no.

¡Podías ofrecerles dinero y todavía no querían hacerlo! Ninguna cantidad de torsión de brazos o incentivo financiero iba a hacer que estos surfistas de grandes olas cambiaran de opinión. Ya se habían doblado como una baraja mojada de cartas. Eddie Aikau no habría aceptado un No por respuesta. No sería Go. Pero Eddie no estaba allí.

Ho continuó, si alguna vez quieres estar en el concurso de Eddie Aikau ahora es tu oportunidad. Ve a ver al coordinador del concurso Randy Rarrick, ya que está buscando a alguien que esté calificado y dispuesto a salir para estar en el concurso.

Al escuchar las palabras de Ho, los hermanos Willis no dudaron. Corrieron a la bahía de Waimea por la oportunidad de entrar en el concurso de Eddie Aikau.

Entra en escena los hermanos Willis -

El hecho de que los hermanos Willis ahora tuvieran la oportunidad de participar en el concurso de surf fue una historia de Cenicienta de la vida real para ellos.

Los hermanos Willis conocían Waimea Bay íntimamente, la surfeaban regularmente cuando se rompía y daban forma a los cañones de olas grandes para muchas de las mejores armas, incluidos el hawaiano Titus Kinimaka, Mark Foo y Ace Cool. Tanto Milton como Michael fueron considerados por la mayoría de los surfistas expertos de olas grandes de

Waimea Bay como los que estaban en la cima del orden jerárquico en Waimea Bay.

Su experiencia en Waimea Bay incluye surfear sus olas más grandes, ser golpeado en olas de treinta pies o más, múltiples rescates dramáticos exitosos para salvar vidas en condiciones extremadamente peligrosas, y se había ganado el respeto de los mejores surfistas de olas grandes en Waimea Bay. Pregúntale al Navy Seal y al jinete de olas grandes de segunda generación de Waimea Bay, Ivan Trent, hijo del legendario surfista de olas grandes Buzzy Trent. Sin embargo, con estas credenciales, no habían sido invitados al concurso de Eddie Aikau, ni siquiera como suplentes. Una omisión flagrante por parte de Quiksilver que apesta a política corporativa.

A pesar de que los hermanos Willis tenían impecables credenciales de surf de olas grandes, Quiksilver, sin embargo, contaminado por la codicia y su propia agenda, efectivamente tomó el control sobre quién podía y no podía salir en lo que sería el oleaje de su vida.

Sin una invitación oficial, la sagrada bahía de Waimea ahora sería "kapu", fuera del alcance incluso de los practicantes de surf de olas grandes más devotos y calificados.

De vuelta en el concurso, NI NINGUNO de los Quiksilver invitó a los surfistas de olas grandes en el *Ir! ¡Ir! ¡Ir! ¡No hay vuelta atrás*, el espíritu de Eddie Aikau estaba dispuesto a salir en este momento del ojo del tigre! ¡No hay posibilidad! Su razón... ¡Las olas son demasiado grandes! ¿Qué le pasó a Eddie iría? Los hermanos Willis estaban dispuestos, capaces y listos para hacerlo.

Eddie Aikau es legendario por su valentía inigualable y su sincera dedicación al surf de olas grandes. Lo correcto como un verdadero surfista de olas grandes sería honrar ese legado saliendo.

Milton y Michael Willis fueron a ver al coordinador del concurso Randy Rarrick, fueron invitados y ahora eran oficialmente concursantes como deberían haber sido todo el tiempo.

Sin embargo, los otros oficiales del concurso todavía estaban decidiendo qué hacer ...

El director del concurso, George Downing, sintió que era demasiado peligroso y presionó para cancelarlo. Otros funcionarios y surfistas estuvieron de acuerdo en que no se podía hacer porque las olas eran demasiado grandes y peligrosas. ¡Imagínate eso!

Veinte minutos después, *el concurso La ola más grande* en la tierra fue cancelado oficialmente.

En medio del caos resultante, Milton y Michael abandonaron inmediatamente el área hacia Outer Log Cabins SIN MÁS DEMORA.

Imagina olas más grandes que el concurso en sí, el día en que el concurso de olas grandes no continuó porque los surfistas de olas grandes invitados sintieron que las olas eran demasiado GRANDES para surfear. Parecía que solo los hermanos Willis estaban listos para el desafío.

Pero no tan rápido ...

Entra el ganador no oficial del concurso Eddie Aikau Ola Grande de 1998, Jason Magers, y el subcampeón, Greg Russ. -

Ganador no oficial Jason Magers -

¡Resulta que alguien fue! Logrando evitar los salvavidas y las barricadas policiales, el local de North Shore, Jason Magers, no pudo ser detenido.

Magers fue otro contendiente de surf de olas grandes no invitado al concurso. Entonces, Jason aprovechó el momento remando solo en condiciones incomprensibles.

Jason era un hombre poseído.

Antes de llegar a la mitad de camino una enorme ola rompió directamente frente a Magers y tuvo que rescatar por su vida. Más tarde, Magers relató cómo se acurrucó en posición fetal y vio cómo su vida iba en reversa hasta que se convirtió en un bebé, momento en el que resurgió.

Después de ser arrastrado a tierra y entrar en Magers, posteriormente fue arrestado, no por haber salido sino por órdenes de arresto pendientes.

Lo único que le impidió surfear las olas este día histórico fueron las olas mismas. Como debe ser.

En virtud de la demostración de coraje supremo de Magers y la audacia de ir cuando los "profesionales" no lo harían, realmente honra el legado de Eddie Aikau más que el concurso. Sería apropiado dar el dinero del premio y el primer lugar a Jason Magers, el ganador no oficial del 98' Quiksilver Eddie Aikau Ola Grande Concurso.

Subcampeón, Greg Russ -

El subcampeón no oficial fue el surfista de olas grandes y legítimo Hellman, Greg Russ.

El hecho de que el concurso de olas grandes fuera cancelado fue una buena noticia para el no invitado, aunque excepcionalmente bien calificado, Greg Russ. Esto significaba que podía tener una oportunidad de montar estas olas.

Greg Russ vio la oportunidad ante él y quiso ser el rey de los Nephilim líquidos. Desafortunadamente para Russ, cuando se emitió el "Código Negro", la policía le impidió salir para su consternación y objeciones rigurosas.

En virtud de su serio intento de surfear en la bahía de Waimea en este día, concurso o no, Greg Russ, a pesar de ser restringido por la policía, se convirtió en el finalista no oficial en el concurso de surf de olas grandes de Eddie Aikau.

Los verdaderos jinetes de olas grandes no esperan la fanfarria, las cámaras o un día de pago al final del día. No esperan fama y fortuna. Es un llamado superior que debe ser respondido. Cuando las olas están bombeando, un verdadero surfista de olas grandes dejará todo para ir a surfear porque sabe que las olas grandes son únicas, invaluables y raras. No puedes detenerlo.

Después de abandonar el área del concurso, los hermanos Willis se dirigieron rápidamente a la casa de Michael en Sunset Beach, donde momentos después, harían un arriesgado lanzamiento a la playa con su moto acuática y su tabla de remolque.

Destino Outer Log Cabins -

Las paredes líquidas de la muerte se estaban rompiendo hasta donde alcanzaba la vista y lo que parecía ser otra milla más allá de eso. La sal en el aire era tan espesa que no se podía ver el exterior rompiendo olas desde la orilla. Fue un apagón completo. Nada más que espuma blanca espumosa desde la orilla hasta el horizonte. Era imposible determinar realmente qué tan lejos estaban rompiendo las olas.

Los hermanos Willis se lanzaron directamente desde la playa en Sunset Point, una hazaña aparentemente imposible. Michael pilotaba una vieja moto acuática Sea Doo verde y blanca de segunda mano. Michael estaba concentrado y decidido a atravesar y rodear un océano interminable de maremotos sin parar.

Si lo lograban, Milton sería el primero en surfear. Milton con su tabla de surf asegurada bajo el brazo estaba listo para ir como un gladiador a la arena.

Desafiando todo entendimiento humano, contra todo pronóstico y probabilidad, guiados puramente por la Mano de Dios mismo, los hermanos Willis milagrosamente llegaron a Outer Log Cabins.

No muy lejos –

Cheyne Horan, Sam Hawk, Ken Bradshaw y Dan Moore estaban siguiendo los pasos de los hermanos Willis, excepto que un lanzamiento a la playa estaba fuera de discusión para ellos ... demasiado peligroso.

Habían decidido que sería más seguro y sensato lanzar desde el puerto de Hale'iwa, lo que hicieron, al igual que todos los que salieron más tarde este día, con la excepción de los hermanos que se lanzaron directamente desde Sunset Beach dos veces.

Si bien lanzar una moto acuática desde la playa en estas condiciones sin precedentes podría considerarse una locura, lanzarse desde la seguridad del puerto tampoco fue fácil. Ace Cool y Ron Barren se lanzaron desde el puerto, pero nunca lo lograron. Fueron limpiados con fuerza por una serie de olas montañosas mientras doblaban la esquina de Puena Point.

Cabe señalar que después de que los hermanos Willis *ya estaban* surfeando, "Código Negro II" se emitió oficialmente cerrando legalmente todas las playas de North Shore. Olas tan grandes que hicieron que la bahía de Waimea pareciera un rompiente que literalmente era en este día.

Cuando los hermanos Willis finalmente llegaron a Outer Log Cabins, era como una escena de Jurassic Park, excepto que en lugar de dinosaurios amenazantes extremadamente grandes, eran olas siniestras extremadamente grandes.

Como si saliera de un capítulo del poema épico de Homero "Odisea", los hermanos Willis se encontraron entre una falange de olas grandes extremas líquidas, mucho más grandes que cualquier cosa que hubieran experimentado o imaginado antes. Olas tan altas que en realidad rasparon el cielo bloqueando el horizonte.

En alerta máxima y explorando atentamente las olas, Michael vio venir una tercera ola en una serie de olas que fueron, con mucho, la ola más mala de todo el conjunto. Un pájaro azul tan grande que parecía como si se moviera en cámara lenta, pero en realidad, moviéndose como un tren de carga a toda velocidad.

Como habían practicado muchas veces antes, Michael levantó la mano mostrando tres dedos señalando a Milton para prepararse para ir en la tercera ola y para el viaje de su vida.

Los hermanos Willis subieron y bajaron por la parte trasera de la primera ola. Se sentía cada bit 100 PIES. Hoy en día, los oceanógrafos estiman que estas olas son de 85 pies a 90 pies. La segunda ola fue aún más grande, pero resultó que Michael estaba en el punto de que la tercera ola era nada menos que un tamaño monumental colosal.

Cuando la tercera ola se acercó a ellos, Michael disparó al Sea Doo azotando a Milton en la parte superior de la ola. La mayoría de los surfistas habrían caído y se habrían dirigido al hombro. Milton decidió caer y desvanecerse de nuevo en el vientre de la bestia.

Milton parecía que viajaba de 40 a 45 mph por hora con su cabello volando en el viento. La ola era poderosa y feroz, pero Milton permaneció tranquilo y suelto, surfeando con control en perfecto ritmo y armonía, igualando el poder con el corazón.

A medida que la ola se hacía más y más empinada y la gruesa cresta comenzó a inclinarse y caer, Milton comenzó su giro desde el fondo de la ola. Milton parecía un pequeño punto con una avalancha del Monte Everest a punto de consumirlo.

Mientras tanto, Michael estaba más avanzado en el hombro de la bestia observando cómo se desarrollaba todo el evento. Cabe señalar que otros conductores de tow-surf estaban montando *detrás* de la ola para no arruinar ninguna fotografía potencial. Michael estaba más preocupado por la seguridad de su hermano que cualquier fotografía colocada donde pudiera vigilar a su hermano gemelo.

Sin embargo, no importaba lo rápido que Milton iba, la ola era más rápida. Milton, al ver la enormidad de la cresta de la ola que caía sobre él, redirigió su tabla de surf preparándose para tomar todo el océano en la cabeza.

Milton desapareció por completo. Tragó, desapareció y se perdió de vista enterrado vivo por una enorme pared de agua blanca con el peso de todo el océano detrás de ella. Milton era un sal experimentado que había experimentado intensos aniquilamientos antes, pero nada de esta magnitud o escala.

Horrorizado, no había nada que Michael pudiera hacer para ayudar a su hermano.

Para Michael el tiempo se detuvo.

Observando atentamente para ver cuál sería el destino de Milton, Michael se llenó de alegría histérica cuando vio a Milton salir volando de la oscuridad de la ola y a la luz del día. Con todo el coraje y la determinación del guerrero más valiente, Milton se había mantenido firme, haciendo con éxito la ola contra todas las probabilidades. Puede haber sido el sol brillando en las gotas de agua en el cuerpo bronceado de Milton o algo más, pero de cualquier manera Milton estaba brillando.

En un estado de delirio total, Michael levantó las manos hacia arriba volteando los Cielos, gritando F'ing A! F'ing A! Lo que Michael estaba diciendo desde su corazón era GRACIAS DIOS GRACIAS DIOS GRACIAS DIOS GRACIAS DIOS!! Tenías que estar allí. *Un momento maníaco seguro.*

Lo que los mejores surfistas, salvavidas y navegantes de olas grandes del mundo habían pensado imposible se demostró posible en ese mismo momento por el increíble e histórico paseo de Milton Willis. Un viaje exitoso que rompió el techo del surf de olas grandes, la comprensión humana y marcó el comienzo del surf extremo de olas grandes.

En este momento. ¡ni Milton ni Michael se dieron cuenta ni entendieron completamente lo que acababa de ocurrir! Todo era un borrón que parecía suceder en cámara lenta. No hubo tiempo para asimilarlo todo, ya que más olas XXL se acercaban rápidamente desde atrás.

Michael Jack se burló de recoger a su hermano, cuyo nivel de energía estaba fuera de las listas literalmente eléctrico y sobrealimentado. ¿Y por qué Milton no acababa de experimentar ir a donde ningún hombre en la tierra había estado jamás?

Cuando los hermanos Willis regresaron al mar para atrapar otra ola, pudieron ver a los ciclistas en la distancia acercándose rápidamente a toda velocidad. Fueron Ken Bradshaw y su conductor, Dan Moore, seguidos por Cheyne Horan y Sam Hawk.

Los hermanos estaban en posición perfecta para la siguiente ola, que era una belleza de bestia, tan gruesa como alta. Mike levantó la mano indicando a Milt que se preparara para que esto es para ti y procedió a azotar a Milton en la ola, pero algo atrapó sus ojos y oídos.

Era el rugido ruidoso y desagradable del enorme bote de Bradshaw y Moore de una moto acuática, y se dirigían a toda velocidad hacia los hermanos Willis. Esto era ahora un juego de gallina con los dos equipos compitiendo por la misma ola.

Moore conduciendo Bradshaw tenía una mirada loca y maníaca de Mad Max en sus ojos, el tipo de mirada que dice que no me importa que esté tomando esto, y no puedes detenerme, especialmente en tu pequeña moto acuática.

Bradshaw fue peor. Estaba mirando al frente como si nadie estuviera allí como un personaje de dibujos animados de ratas en la vida real. Podría haber sido una escena de una película, piensa en Thunderdome. Moore no estaba retrocediendo una colisión inminentemente inevitable.

En este juego de gallina, los hermanos Willis consintieron. Eligen ceder el paso a Bradshaw o arriesgarse a ser arropados por una moto acuática del doble del tamaño de la suya a 50 mph. En lugar de derecho de paso, esto era derecho de peso.

La ola que dieron paso a Bradshaw resultó ser la foto distintiva que definió este oleaje histórico a menudo denominado "Miércoles más grande". La ola se estimó inicialmente en 40 pies por los periódicos diarios de Hawái, pero ahora se considera 85 pies según los estándares actuales.

A Hank Foto se le atribuye haber tomado la foto icónica ese día, que en ese momento se consideraba la ola más grande jamás fotografiada. Hank, que estaba filmando desde su moto acuática con Larry Haynes, es citado diciendo.

"Vi olas de 100 pies ese día, tan grandes que parecían falsas!"

Para no ser disuadido por Bradshaw, Michael remolcó a Milton a la siguiente ola. Desafortunadamente, uno de los tres helicópteros que estaban filmando ese día se acercó demasiado a Milton y con la fuerza de los vientos que salían de las aspas del helicóptero combinadas con los vientos alisios en alta mar que soplan la cara de la ola y Milton corriendo por la cara de un 85 pies, Milton fue lanzado directamente de su tabla de surf y la ola terminó rompiendo su tabla de surf en pedazos.

Michael apenas tuvo tiempo suficiente para rescatar a su hermano gemelo, ya que una avalancha extremadamente grande de aguas blancas se acercaba rápidamente y amenazaba con aniquilarlos. Con gran precisión, sincronización y velocidad, Michael corrió y pudo recuperar y llevar a Milton a bordo de la moto acuática.

En este punto, solo había un camino a seguir y era directamente a la orilla lo más rápido posible. El problema era que ya no había orilla, solo una pared de lava dentada expuesta. Como es típico con las grandes olas, toda la arena había sido arrastrada y la costa regular de la playa de arena había desaparecido. Los hermanos Willis estaban en una situación desesperada.

Posicionado entre dos olas extremadamente grandes, una frente a ellas y otra detrás de ellas y dirigiéndose directamente hacia una pared de lava de roca, la situación no se veía bien.

Sin embargo, había una oportunidad.

Si Michael pudiera cronometrar las cosas correctamente, la ola por delante cubriría y sumergiría la pared de lava permitiéndoles llegar a la poca playa que quedaba. El dilema era que la ola detrás era más grande, se movía más rápido y ganaba sobre ellos. Nadie querría estar en esta situación. Solo había una elección que podían hacer y esa era *Ir Ir Ir!*

A toda velocidad, Michael manteniendo la compostura y permaneciendo enfocado, guiado por la guía divina, arrastró la primera ola hacia la playa volando milagrosamente sobre la pared de lava de roca, golpeando una berma de arena, lanzándose 8 pies de alto y 30 pies por el aire, sobre una cerca de madera, y chocando contra una casa. Sobrevivir a la terrible experiencia fue nada menos que un milagro.

Mientras todo esto sucedía en la playa, una multitud de espectadores que estaban viendo el desarrollo del melodrama comenzaron a gritar en puro pandemonio.

Cuando la ola comenzó a arrastrarse hacia el mar, se estaba llevando consigo la moto acuática. Afortunadamente, un valiente surfista brasileño-hawaiano llamado Fabio Fejonez Rossi, Pat Gautreaux y otros saltaron para ayudar a los hermanos Willis y evitar que la moto acuática fuera absorbida de nuevo al mar. Veinte años más tarde, Fabio Fejonez Rossi es citado diciendo: "*¡Ustedes llevan la corona!*"

Los hermanos Willis aún no habían terminado. Se apresuraron a regresar a la casa de Michael para conseguir otra tabla de remolque y al llegar se sorprendieron al encontrar a Cheyne Horan y Sam Hawk ya de vuelta.

Los hermanos intentaron que Horan y Hawk volvieran a salir por segunda vez con ellos, pero la pareja dejó en claro que no había forma de que salieran por segunda vez, no en esas condiciones. Hawk y Horan, dos de los mejores y más experimentados surfistas de olas grandes, hicieron tapping.

Milton y Michael fueron conducidos por un Poder Superior, nada iba a impedir que volvieran a salir. Después de hidratarse, consumir una barra de potencia y reabastecer de combustible a su pequeño Sea Doo, los gemelos estaban listos para la segunda ronda.

Las olas no mostraban signos de disminuir. A estas alturas, toda la comunidad de North Shore estaba pared con pared con turistas, lugareños y la mayoría de los mejores surfistas de olas grandes del mundo, incluido Garrett McNamara, futuro poseedor del récord mundial de olas más grandes surfeadas en el libro Guinness, todos observaban atentamente desde la orilla.

Extendiéndose por la mayor parte de la costa norte había una cinta amarilla de la policía que decía "PRECAUCIÓN NO ENTRAR", del tipo que a menudo se usa para acordonar las escenas del crimen.

El tráfico se había detenido en ambas direcciones a lo largo de la carretera Kamehameha retrocedió durante horas con los isleños esperando ver las olas sin precedentes y los surfistas que se atrevieron a montarlas.

Con la ayuda de amigos como Pat "Pájaro Grande" Gautreaux, los hermanos Willis se lanzaron desde la playa de Sunset Point por segunda vez y sin miedo se dirigieron de nuevo al monstruoso océano.

Después de tejer cuidadosamente, esquivar, maniobrar dentro y fuera, arriba y sobre olas tan grandes como altas montañas, los hermanos Willis nuevamente con Michael conduciendo el Sea Doo y puramente por la hábil navegación de Michaels y la Gracia de Dios lograron volver más allá de la alineación.

Una vez fuera, los hermanos regresaron a Outer Log Cabins por segunda vez. Ken y Dan habían entrado, pero ahora había otros tres equipos de surf de remolque, incluidos los surfistas profesionales australianos de olas grandes Ross Clark-Jones y Tony Ray. El ambiente era sobrealimentado, competitivo y completamente surrealista de Raiders of the Lost Arc.

En el frenesí, Clark-Jones y Ray terminaron siendo aniquilados por una gran ola. Los medios de comunicación informaron erróneamente que fueron los hermanos Willis los que fueron segados. En verdad, fueron Ross y Tony los que fueron segados.

Michael procedió a remolcar a Milton en varias BOMBAS, todas las cuales Milton surfeó perfectamente con poder, estilo, aplomo, y sin miedo, solo amor y más amor. Preparado no asustado.

Tim Bonython capturó las olas de Milton en video y las usó en su documental de surf de olas grandes "Miércoles más grande".

Los destacados de esta histórica sesión de la tarde en Outer Log Cabins incluidos en el video fueron Shawn Briley, Noah Johnson y Troy Allotis. Bonython describió las olas como "*Muros de la Muerte*".

A estas alturas, era tarde en la tarde y el sol estaba bajando. Sabiendo cuándo es suficiente y que volver a la costa sería casi tan peligroso como salir, Milton y Michael lo dieron por terminado el día y comenzaron a regresar a Sunset Point.

Destino JARDÍN DEL DIABLO –

El oleaje de una vez en 100 años!!!

Tomando precauciones para no quedar atrapados dentro por las olas rebeldes, los hermanos se adentraron más en el mar en su pequeña moto acuática Sea Doo otra media milla más o menos antes de regresar a casa a Sunset Beach.

Cuanto más se acercaban los hermanos Willis a Sunset Beach (Paumalu), más grandes eran las olas y más lejos tenían que ir.

Al llegar a las afueras de Sunset Beach, Michael hizo una pausa en su pequeño Sea Doo permitiendo a los hermanos disfrutar de lo que realmente estaban presenciando y experimentando.

Frente a ellos eran imponentes, más grandes que un edificio de 10 pisos, olas abiertas del tamaño de un maremoto, barriles de arriba a abajo que parecían más animados que reales.

Burla, burla, presentimiento, seductor, aterrador, abierto de par en par 100 pies más barriles en auge de gran tamaño astronómico azul oscuro y azul oscuro!!

Los hermanos Willis no habían planeado surfear Outer Sunset Beach (Paumalu) ese día y nadie más lo hizo. Las olas aquí eran el doble de peligro, el doble de riesgo, el doble del tamaño de las cabañas de troncos exteriores.

"Solo tienes una oportunidad. Esta oportunidad solo llega una vez en la vida" - Eminem

No ajeno al peligro, el siempre salvaje y de espíritu libre Michael estaba listo para partir. Una poderosa fuerza invisible lo estaba llamando. La tentación que sentía de surfear solo una de estas olas y salir vivo comenzó a abrumarlo y consumirlo.

Michael tenía que saber cómo se sentiría ese viaje. No era atletismo, soy mejor que tú, cámara en acción, una cosa de competencia ni esto podría matarme 1000 veces la máxima emoción.

¿Cómo sería cabalgar sobre el muro brillante entre la vida y la muerte, enfrentando la verdad directamente al rendirse al destino mientras se sostiene en las manos protectoras de Dios como una inocente paloma blanca como la nieve?

Al igual que en la Biblia, para participar en este árbol líquido del conocimiento, Miguel tenía que comer un bocado de esa manzana. No se puede sobreestimar que nadie en la tierra había hecho esto antes ni se le ofreció esta oportunidad de tomar el primer bocado de una ola de más de 100 pies. La vida misma de Miguel estaba en juego como un cordero sacrificial.

Michael confiaba en que su amado hermano Milton podría remolcarlo, pero también sabía que si algo salía mal, de ninguna manera Milton podría recuperarlo. Milton creyó y confió en su hermano Michael como ningún otro y sin temor a que los hermanos cambiaran de lugar. Ahora era el turno de Milton de conducir la moto acuática y el turno de Michael de tirar los dados.

El diablo lo obligó a hacerlo -

Michael tenía que comer un bocado de la manzana. El diablo lo obligó a hacerlo, como una prueba de su fe central en Aquel que lo envió. Pregúntate, ¿quién te envió?

Con la precisión de enviar un cohete a la luna, Milton envió a Michael volando hacia el cielo o el infierno, sin forma de volver a su destino firmemente en manos de los dioses del océano.

Si las olas en Outer Log Cabins parecían engañosamente en cámara lenta, en comparación las olas en Outer Sunset Beach (Paumalu) parecían ridículamente lentas como en cámara lenta cuadro por cuadro.

Michael parecía un esquiador que bajaba de una montaña a noventa millas por hora, pero esta montaña se movía rápidamente proyectando una sombra oscura sobre todo a su paso.

Michael hizo la empinada caída gritando por la cara de la ola mientras cortaba un ángulo recto agudo, el rocío del mar volando de la tabla de surf parloteando tan rápido como pudo.

En este punto, se trataba menos de surfear la ola y más de ir derecho y permanecer en la vida. La ola seguía pelándose.

El histórico viaje de Michael duró más de media milla antes de terminarlo subiendo y pasando por encima de la ola pateando la espalda. En este momento el tiempo se detuvo.

Michael Clebert Willis se convirtió en el primer surfista en la historia en montar oficialmente una ola de más de 100 pies.

Segundos después, Milton, siempre fiel y leal compañero de nacimiento, se acercó para recoger a Michael.

Superman Milton ya había surfeado Outer Log Cabins extremas dos veces este día, pero de ninguna manera estaba listo para entrar después de ver el monumental y fenomenal viaje de otro mundo de su hermano. Estaba más que ansioso por ir.

Siendo el hermano siempre amoroso y dedicado que es Michael, estaba decidido a conseguirle a Milton una ola aún más grande que la que acababa de sobrevivir.

En este momento, el surf extremo de olas grandes se convirtió en una experiencia espiritual tanto para Milton como para Michael, que se sentían abrumadoramente bendecidos.

Había un aura de un Poder Superior impregnando la niebla del Océano Pacífico en el aire más poderoso que todas las olas de marea en el mundo combinadas.

Michael levantó la mano dándole a Milton la señal "¡Esto es todo!" Un movimiento equivocado y Milton se iría para siempre. ¡Milton estaba listo para lo que sería un infierno de un viaje!

Sin salvavidas presentes, sin helicópteros zumbando por encima y absolutamente sin fanfarria, Michael arrojó a Milton a lo que sería la ola más grande

jamás surfeada en la tierra con Dios, Sus Ángeles y los pocos elegidos como testigos.

Esta ola no fue un rodillo fácil. Era un poderoso barril de arriba a abajo con un labio de 10 pies de grosor que se lanzaba 75 pies y luego tardaba diez segundos en llegar al fondo. Literalmente, un maremoto extremadamente grande rompiendo en medio del océano.

Ni Milton ni Michael nunca pusieron una medida a las prodigiosas olas que surfearon este día histórico ... sin embargo, otros lo hicieron. Los expertos surfistas de olas grandes estimaron las olas que los hermanos Willis montaron en DEVIL's GARGEN a más de 100 pies.

Robbie Page, ganador de Pipeline Master, estrella de cine y embajador australiano en el mundo del surf, es citado diciendo: *"F'n yea!, ¡Vi a los hermanos Willis surfear olas de 100 pies!"*

Monta el surf verdaderamente salvaje -

Los hermanos Willis habían escapado de la muerte y al hacerlo habían surfeado las olas más grandes que el mundo haya visto hasta la fecha. Así es. Y ahora era el momento de volver a casa.

Milton y Michael, dos humildes hermanos originarios de Solana Beach, habían sido probados en las afueras de Sunset Beach por el mismísimo Diablo.

Motivados por la fe, el amor y la esperanza, los hermanos Willis fueron puros en sus intenciones, demostrando a todos y cada uno con amor en su corazón que todo es posible más allá de la imaginación.

Toda la gloria al poder más alto.

Los hermanos se dirigieron a la orilla después de una gran ola hasta la playa. Cuando la ola llegó a la orilla, Michael aceleró el motor obteniendo una ráfaga de velocidad y propulsó la moto acuática Sea Doo sobre la arena deslizándose hacia la playa más allá del poderoso alcance de las olas.

En la playa viendo el desembarco de los hermanos Willis estaba el surfista de olas grandes Kirby Kotlar. Kirby se estaba preparando para fumar un porro con un amigo y para disfrutar de la puesta de sol hawaiana se sorprendió al ver a Milton y Michael viniendo de estas olas masivas. Kotlar no podía creer lo que veía. Agog, Kotlar incrédulo preguntó a quemarropa a los Willis: *"¿Estaban ustedes dos realmente montando esas olas por ahí?!!!"*

La respuesta fue sí. Los hermanos Willis, Milton y Michael, fueron al borde remoto de la experiencia humana y vivieron para regresar y contar la historia.

Fue Robbie Page quien acertadamente nombró fuera de Paumalu (Sunset Beach), JARDÍN DEL DIABLO, el Santo Grial del Surf Extremo de Olas Grandes.

Testigos presenciales, datos científicos oceánicos y la preponderancia de la evidencia confirman este logro monumental, solidificando el lugar de los hermanos Willis en la historia del surf.

Su notable hazaña provocó una ola de admiración e inspiró a una nueva generación de surfistas a empujar los límites de lo que una vez se pensó imposible en el mundo del surf de olas grandes.

Si los hermanos Willis hubieran surfeado estas mismas olas en Nazaré, la máquina de prensa de Nazaré estaría reclamando que Milton y Michael surfearon olas de 250 pies y habrían hecho una estatua para ellos. Para citar al experto campeón de surf de olas grandes de Nazare, Garrett MacNamara, *"...probablemente estamos montando como 200 pies"*.

Solo se ha demostrado que tres personas en el planeta tierra han surfeado una ola de 100 pies o más, Ace Cool en las afueras de Pipeline Oʻahu, y Milton Willis y Michael Willis en las afueras de Sunset Beach Oʻahu.

En el mundo del surf extremo de olas grandes, Ace Cool se convirtió en presidente de la junta, y los mundialmente famosos hermanos Willis, Milton y Michael, llegaron a la cima y se convirtieron en los actuales CEO.

El sagrado Reino de Hawái tiene oficialmente el récord de las olas más grandes jamás surfeadas y

sigue siendo el lugar número uno de surf de olas grandes en el mundo, científicamente respaldado, respaldado por testimonios de surfistas, relatos de testigos oculares y evidencia fotográfica.

Toda la gloria al PODER MÁS ALTO que crea no solo WAVES de 100 PIES, sino que también crea el Poder de todo el océano que reside dentro de todos y cada uno de nosotros.

Hay algo acerca de ser el Rey de la montaña que pone de rodillas a un Rey. Un poder superior, verdad, amor y DIOS - Generando, Operando, Destruyendo.

100 veces cantidad infinita de AMOR - Constante e Incondicional.

GLORIA al PODER SUPREMO.

"Naciste con alas, ¿por qué preferir gatear por la vida?..." - Rumi

En el espíritu de Eddie Aikau, los siguientes son los surfistas que surfearon el domingo, 1/25/98, "Código Negro I".

Milton Bradley Willis

Michael Clebert Willis

Ross Clark Jones

Tony Ray

Ted Schmidt

Sven Peltonen

"Somos los CAMPEONES DEL MUNDO" - Freddie Mercury

Los siguientes son los surfistas que surfearon y los surfistas que probaron el miércoles más grande, 1/28/98, "Código Negro II".

Milton Bradley Willis

Michael Clebert Willis

Ken Bradshaw

Dan Moore

Cheyne Horan

Sam Hawk

Ross Clark Jones

Tony Ray

Shawn Briley

Ace Cool

Ron Baron

Troy Allotis

Kawika Stant

Noah Johnson

Aaron Lambert

Jason Magers

Greg Russ

Trevor Sifton

Sven Peltonen

JARDÍN DEL DIABLO, la mejor historia de surf jamás contada...

100 FOOT WAVE
FREETHINKER ACE COOL
The 'Evel Knievel' of Big Wave Surfing

"Everything is possible with love."
~Michael C. Willis

Alec Cooke, también conocido como Ace Cool, es el primer surfista en la historia en ser fotografiado surfeando una ola de 100 pies.

Sucedió en 1985 en las afueras de Pipeline en la costa norte de Oʻahu en el Reino de Hawái. El legendario fotógrafo Warren Bolster estaba allí para capturar la imagen histórica desde un helicóptero. Quizás la mejor foto de surf jamás tomada.

Ace Cool era un personaje musculoso, rubio y suave, más grande que la vida con profundos ojos azules. Ace era extremadamente inteligente y declaró que conocía cada palabra en el diccionario. Cuando se le probó, siempre pasó. Escribió una columna semanal de surf para el periódico North Shore sobre una serie de temas de surf de la A a la Z.

Más importante para su carrera de surf, Ace también era un navegante fuera de serie. Fue capaz de hacer bodysurfear las olas más retorcidas de 20 pies y más y fue un nadador prolífico.

Dijo que era descendiente del capitán Cook, el famoso explorador naval británico, y afirmó haber sido un bebé de probeta nacido en 1956.

Ace también tenía un tremendo sentido del humor. Cuando las olas se ponían pesadas, Ace estaba haciendo bromas en la alineación. Las grandes olas no asustaron a Ace. Para él, ¡fue pura DIVERSIÓN!

Ace Cool, quizás el surfista más colorido de todos los tiempos, fue citado diciendo: "*No quería ser miembro del club de jinetes de olas grandes", quiero ser presidente de la junta*".

Ace era conocido como el 'Evel Knievel' del surf de olas grandes y, junto con los hermanos Willis, fue votado como el más propenso a morir surfeando olas grandes por una revista australiana de surf.

Por la noche, cuando no estaba surfeando, Ace era un conductor de bicitaxi que empujaba a los turistas contándoles todo tipo de historias mientras se mantenía en forma y entrenaba para su objetivo final de surfear la ola más grande.

El día en que Ace surfeó la histórica ola de 100 pies, fue un glorioso día soleado en el Reino de Hawái. La mayoría de los surfistas de olas grandes en O'ahu habían volado a Maui para surfear en la bahía de Honolua sabiendo que la costa norte estaría cerrada y no se podría surfear.

Ace Cool se quedó atrás. Tenía otros planes para establecer el récord de la ola más grande jamás surfeada. Primero tuvo que requisar un pequeño helicóptero privado. Entonces, se conectó con el lente Warren Bolster y contrataron a un piloto que podría volarlos hacia los vientos alisios de la costa del Pacífico y permitir que Ace superara las olas rompiendo masivas y fuera más allá del oleoducto de arrecifes exteriores.

Después de recorrer toda la costa norte como un pistolero en busca de la ubicación correcta, Ace ordenó al piloto que fuera más allá del oleoducto del arrecife exterior donde las olas lo estarían esperando.

Cuando llegaron a donde las olas masivas estaban tronando, Ace identificó una zona de caída donde haría ese salto histórico de fe hacia lo desconocido.

Ace se puso un traje de neopreno naranja (naranja de rescate) para que pudiera ser visto más fácilmente en caso de que algo saliera mal.

Uno solo puede imaginar la mezcla de emoción y adrenalina que Ace estaba sintiendo, un verdadero momento este es todo.

Con todo el compromiso del matrimonio "Hasta que la muerte nos separemos", Ace dijo "Sí, quiero" en el momento en que saltó del pájaro del cielo al mar azul profundo debajo.

Después de saltar del helicóptero, Ace estaría solo en el agua. No tenía salvavidas, ni motos acuáticas, ni observadores de olas, ni chalecos salvavidas, ni fanfarria. Solo su arma de olas grandes y un deseo abrumador de montar la ola más grande del mundo.

Su arma de olas grandes era su tabla de surf preferida y de necesidad. Una tabla de surf diseñada para impulsarlo por la cara de las olas masivas. Nariz en forma de clavado, aleta única, cola en forma de alfiler, gruesa, larga y ancha.

¡Bloqueado y cargado, Ace procedió a remar en una ola legítima de 100 pies! La portada de este libro *es la* ola de 100 pies que muestra a Ace Cool rasgando la cara con pura determinación, agallas absolutas y habilidad absoluta.

La dramática fotografía de Ace Cool apareció en la portada del Honolulu Advertiser al día siguiente. Es dudoso que alguien vuelva a hacer esto ...

El libro Guinness de los récords mundiales, posiblemente desconociendo el logro histórico de Ace Cool en 1985, ha acreditado a Sebastian Steudtner de Alemania por establecer el récord mundial de surf de la ola más grande estimada en 86 pies.

Tradicionalmente, nadie pensaría que un surfista alemán terminaría montando la ola más grande del mundo. Después de todo, Alemania no es realmente conocida por surfear y mucho menos por las grandes olas, pero según el libro Guinness de los récords mundiales y sus expertos, lo hizo.

Uno de los "expertos" utilizados para determinar y confirmar el libro Guinness de Steudtner de los récords mundiales es un profesor asociado de la Universidad del Sur de California que se especializa en dinámica de fluidos geofísicos, Adam Fincham.

Fincham y su equipo utilizaron imágenes fotográficas y una entrevista con los dos fotógrafos que capturaron la ola para emerger con la altura de ola de 86 pies.

Según Fincham, para calcular con precisión se necesita la regla más grande posible, que a menudo es la moto acuática. En el caso de la ola de Steudtner, no había una colocada correctamente dentro del metraje, por lo que usaron la parte inferior de la pierna de Steudtner como regla.

Usando el método Fincham para determinar la altura de la ola, podemos tomar la tabla de surf de 12'0 "que Ace estaba montando y usarla como regla. Aplicando el método Fincham, la ola de Ace de 1985 es de 40 a 60 pies *más grande* que la ola de Steudtner en 2020.

Resulta que Ace Cool, no Sebastian Steudtner, es el poseedor del récord mundial real de la ola más grande jamás surfeada utilizando evidencia fotográfica y ciencia como prueba.

Ace Cool entrenó toda una vida solo para atrapar ese viaje histórico que resiste la prueba del tiempo como la ola más grande de todos los tiempos jamás fotografiada. Para lograr esta hazaña hercúlea, Ace pasó años perfeccionando sus habilidades surfeando grandes olas en Sunset Beach, Pipeline y Waimea Bay.

Contrariamente y con el debido respeto, queda por ver si Steudtner podría incluso atrapar una ola en Sunset

Beach, Pipeline o Waimea Bay, y mucho menos hacer la caída si lo hiciera.

Es mucho más fácil reunir el coraje que se necesita para desafiar a las grandes olas cuando estás rodeado de salvavidas, motos acuáticas, una galería de observadores de olas y cada uno de tus movimientos capturados en película.

Parece que cada año, las olas en Nazaré establecen nuevos récords mundiales para la ola más grande jamás surfeada. Oímos hablar de surfistas que montan 60 y 70 pies como si fuera una ocurrencia común, pero cuando estudiamos la evidencia y calculamos qué tan lejos estaba Ace Cool para atrapar su viaje histórico, Ace Cool sigue siendo el Campeón.

La experiencia, la valentía y el entrenamiento de Ace dieron sus frutos de la manera más espectacular posible. Ace logró lo que muchos alguna vez pensaron imposible y al hacerlo, reconocido oficialmente por el libro Guinness de los récords mundiales o no, Ace Cool consolidó su lugar en la cima de la historia del surf de olas grandes.

El exitoso paseo de Ace Cool en una ola de 100 pies documentada por Warren Bolster en 1985 destripa el reclamo de Sebastián Steudtner y el libro Guinness de récords mundiales por las olas más grandes jamás surfeadas.

El hecho de que el libro Guinness de los récords mundiales no reconozca oficialmente a Ace Cool como el verdadero y legítimo poseedor del récord de las olas más grandes jamás surfeadas es una blasfemia para el surf de olas grandes extremas.

La piedra que el constructor rechazó es Alec Cooke, también conocido como Ace Cool, el único.

por Milton y Michael Willis

Ola de 100 pies tal vez más

La ola más grande que jamás haya llegado a tierra

Mucho más allá de la bahía de Waimea

La ola de 100 pies fue surfeada este día

Dijeron que no se puede hacer

¿Quién será el Indicado?

¿Quién mordirá el anzuelo?

¿Quién dará un paso al frente?

Ace Cool es el único

Ace Cool y su pistola de olas grandes

Ola de 100 pies tal vez más

La ola más grande que jamás haya llegado a la orilla

Ace Cool gobernó el día

Él educó al mundo y allanó el camino

Cuando montó una ola de 100 pies ese día

Ahora conocemos al Uno

Ace Cool y su pistola de olas grandes

Bone-chilling Big Wave Surfing Wipeouts
HOUSE OF PAIN

"If you can't understand the wave you can't respect it. It's only a matter of time before the ocean teaches you to get some."
~Laird Hamilton

Cuando se trata de surf de olas grandes, hay dos veces que siempre escucharás a la multitud volverse loca y el volumen aumenta dramáticamente con gritos y gritos.

1. Para los paseos más grandes y mejores.

2. Los aniquiladores más grandes y peores.

Acabar con la limpieza es una parte inevitable del surf que todo surfista experimenta. En términos generales, la mayoría de los aniquilamientos son rutinarios y no son gran cosa. Sin embargo, un wipeout puede ser la peor pesadilla de un surfista.

Algunas de las peores eliminaciones en el surf han ocurrido en Pipeline en la costa norte de O'ahu. Cualquier cosa puede suceder allí y lo hace. Como si el estrés de atrapar una ola que desafía a la muerte en una multitud abarrotada no fuera suficiente, existe la amenaza real de golpear el arrecife poco profundo o meterse en un agujero de Alua y nunca salir con vida.

También existe el factor freak. El factor extraño es cuando algo sale mal que no se pudo anticipar, preparar ni esperar.

Beaver Massfeller -

Un ejemplo de esto sería la eliminación de Beaver Massfeller en un día de tamaño mediano en Pipeline. Massfeller, un surfista experto, despegó de la parte trasera en un hueco de 8 a 10 pies rompiendo a la izquierda. Nunca hizo la caída y, en cambio, terminó siendo lanzado por la ola.

Preparándose para una colisión con el fondo duro y el arrecife traicionero que está hecho principalmente de roca de lava y coral formado, Massfeller entró en posición fetal y se acurrucó en una pequeña bola.

Cuando golpeó el fondo de la ola, el impacto forzó sus rodillas hacia arriba, mientras que simultáneamente la poderosa ola que se estrelló contra él forzó su cabeza contra sus rodillas. Rompiéndose la cabeza como una nuez.

Massfeller literalmente hundió su propia cabeza y se rompió el cráneo. Vivió para contarlo y finalmente regresó para surfear algunas olas grandes en Sunset Beach, pero por desgracia nunca fue el mismo surfista.

Michael Willis -

Quizás al lado de la muerte, uno de los peores wipeouts de tow surfing en grandes olas pertenece a Michael Willis.

En un poderoso oleaje del oeste, Michael Willis estaba surfeando con su compañero, el campeón mundial de surf australiano Cheyne Horan, en un lugar llamado Phantom's en North Shore frente a la playa de Velzyland.

Michael acababa de surfear la ola de su vida, un barril de 25 a 30 pies a través del arrecife, pateando justo antes de que la ola explotara en un cierre masivo.

Todo iba a la perfección. Horan vino cargando para buscar a Michael, ya que habían practicado durante meses y meses. Sin embargo, lo que debería haber sido una simple recogida y salida se convirtió en una trampa mortal cuando Horan, presa del pánico, sacó accidentalmente el cordón de seguridad de la moto acuática y la moto acuática se detuvo por completo justo cuando toneladas de océano estaban a punto de estrellarse contra ambos.

Tan peligrosa como era esta inminente situación grave, ambos surfistas sabían que podían sumergirse a través de la ola y evitar el impacto explosivo ileso. Pero no es así esta vez.

Tanto Horan como Michael se rescataron para salvarse. Todo salió bien para Horan, ya que pudo atravesar la ola ileso.

Michael, por otro lado, tenía un tipo diferente de destino esperándolo.

Mientras se zambullía por la parte posterior de la ola, la cuerda de remolque se deslizaba contra su muslo derecho. Un momento después, la cuerda de nylon de un cuarto de pulgada se apretó violentamente inextricablemente alrededor de la pierna de Michael quemando las capas de músculo y carne hasta el hueso.

No había forma de salir de eso. Fue un viaje de la muerte a la playa.

Irremediablemente atado a la moto acuática e incapaz de liberarse de la cuerda, Michael fue arrastrado bajo el agua durante más de un cuarto de milla. No fue hasta que la moto acuática llegó a la playa que Michael pudo salir a la superficie y tirar de la cuerda de remolque incrustada alrededor de su pierna. ¡Ay! La cuerda había cortado hasta el hueso, y fue solo su rodilla la que evitó que la cuerda fileteara toda la pierna de Michael.

Con la ayuda de otro surfista y amigo Paul Lyle, Michael pudo llegar a su casa en Sunset Beach. En estado de shock, se envolvió la pierna con una gasa, tomó un Tylenol, bebió dos cervezas y se fue a dormir.

De alguna manera, tal vez por un milagro a pesar de no recibir ningún tratamiento médico o terapia física, después de seis semanas Michael pudo recuperarse por completo. Michael pasó a surfear las olas más grandes de la historia un año más tarde "Código Negro" 1998, y está surfeando regularmente hasta esto hoy.

David Kahanamoku -

Los accidentes de olas grandes no siempre son causados por las olas. A veces pueden ser otros surfistas. Tal fue el caso del salvavidas hawaiano David Kahanamoku, parte del árbol genealógico de Duke Kahanamoku, que estaba surfeando en la bahía de Waimea en un hermoso día del noroeste. Los días del noroeste son los más fáciles y privilegiados, codiciados por aquellos que aman el surf en la Bahía de Waimea.

Con las mejores olas generalmente vienen la mayoría de las multitudes y, en este día, la Bahía de Waimea estaba llena de surfistas. Kahanamoku despegó en una ola con varios otros surfistas. Sin darse cuenta, uno de los surfistas perdió el equilibrio causando que su tabla de surf se disparara y golpeara a Kahanamoku rompiéndole el tobillo.

Con gran dolor, Kahanamoku pudo nadar, pero no pudo pasar el poderoso shorebreak de 15 pies, como en break your neck shore golpeando shorebreak. No podía pararse debido a su tobillo roto. Incapaz de llegar completamente a la orilla de manera segura, Kahanamoku fue golpeado repetidamente como una mosca.

Antes de que las cosas se pusieran realmente mal, Michael Willis corrió hacia la zona de impacto recogiendo a Kahanamoku antes de que la siguiente ola lo golpeara nuevamente. Afortunadamente, el salvavidas Derrick Doerner también vio lo que estaba sucediendo y vino a ayudar. Willis y Doerner pudieron rescatar con éxito a Kahanamoku y salvarlo de las fauces de la muerte ese día.

Taiu Bueno -

Taiu Bueno fue uno de los mejores surfistas de olas grandes de Brasil y del mundo. Regularmente desafiaba la enorme Sunset Beach y la enorme Waimea Bay, muchas veces solo.

Ninguna ola era demasiado grande para Bueno.

Resulta que fue un aniquilamiento en una pequeña ola que terminó con la carrera de surf de olas grandes de Bueno.

Mientras surfeaba en Fernando de Noronha, en la costa noreste de Brasil, Bueno se metió en un pequeño barril de rutina. No hizo la ola. En cambio, cayó torpemente, golpeándose la cabeza en la parte inferior rompiéndose el cuello.

Bueno, el campeón de olas grandes, quedó tetrapléjico y nunca más se paró en una tabla de surf. Hoy Bueno está de vuelta en el océano surfeando con la ayuda de amigos y avances en deportes acuáticos adaptados.

Los Wipeouts no son selectivos. Cualquiera puede tener uno, desde el mejor surfista hasta el peor surfista en cualquier momento en cualquier ola grande o pequeña. Tal vez si aprendemos algo de los wipeouts de surf, es a cuidarnos unos a otros y estar listos para prestar ayuda o una mano en cualquier momento.

El surf y el mundo en sí son mejores cuando todos nos cuidamos unos a otros.

Big Wave Killer Wipeouts

PAYING THE ULTIMATE PRICE

*"One day I will catch the perfect wave
and keep on riding."*
~Duke Paoa Kahanamoku

Pagando el precio más alto –

Surfear olas grandes es increíblemente peligroso, arriesgado y un esfuerzo emocionante que requiere una tremenda habilidad, coraje y experiencia. Desafortunadamente, a lo largo de los años, muchos valientes surfistas de olas grandes han perdido trágicamente la vida mientras perseguían la máxima emoción.

Robert (Bob) Simmons –

Una de las primeras muertes registradas que conmocionó la era moderna del surf fue Robert (Bob) Simmons, quien se ahogó en 1954 mientras surfeaba un gran día en la playa de Windansea en La Jolla, California.

Simmons es acreditado por muchos por ser un maestro diseñador y shaper de tablas de surf. Es reconocido por ser uno de los primeros, si no el primero, en usar fibra de vidrio y resina de poliéster para crear tablas de surf livianas y duraderas, un gran avance en la construcción de tablas de surf.

Simmons tenía un brazo de gimp y no se sabe exactamente cómo murió mientras surfeaba. Posiblemente su tabla de surf lo golpeó en la cabeza, o perdió su tabla de surf durante una ráfaga de olas y no pudo nadar. Al final, no importa cómo sucedió que Bob Simmons se ahogó.

El arrecife poco profundo donde Simmons se ahogó a tiro de piedra de Windansea se llama "Simmons Reef" en honor a Bob Simmons.

Mark Foo –

Quizás el más conocido de todos los finales trágicos de la gran ola pertenece a Mark Foo. Foo era un legendario y popular surfista profesional de olas grandes que murió mientras surfeaba Mavericks, un primer rompiente de surf de olas grandes en el norte de California.

En 1994, Foo arrasó con una ola mediana de 15 a 18 pies y nunca resurgió. Durante años, nadie supo qué fue lo que realmente mató a Foo. En última instancia, ahora sabemos que falleció debido a un ataque al corazón. Mark Foo tenía sólo 36 años de edad.

Donnie Solomon –

Exactamente un año después del día en que Mark Foo falleció, Donnie Solomon murió en Waimea Bay el 23 de diciembre de 1995. Solomon no había atrapado una ola y, en cambio, fue atrapado por la ola masiva detrás de ella mientras intentaba remar de regreso a la alineación.

Solomon fue arrojado sobre las cataratas hacia atrás y fue golpeado ferozmente cuando aterrizó sacando el aire de sus pulmones. Causa de muerte por ahogamiento.

Todd Chesser –

Tan cerca de la perfección como un humano puede llegar, Todd Chesser todavía era humano. Extremadamente guapo, en forma, talentoso y en su mejor momento, Chesser murió trágicamente mientras surfeaba grandes olas en la costa norte de Oʻahu.

El 13 de febrero de 1997, un enorme oleaje azotó las islas. Chesser y un par de amigos intentaron remar hasta un arrecife exterior al oeste de la bahía de Waimea llamado Alligator Rock. Nunca lo lograron.

Los tres fueron atrapados dentro. Los amigos de Chesser terminaron siendo arrastrados a la orilla. Desafortunadamente, para Todd Chesser terminó ahogándose. Tenía solo 28 años.

Joaquin Miro Quesada –

La primera víctima mortal de surf en Pipeline en la costa norte de Oʻahu fue un surfista sudamericano de Perú, Joaquín Miro Quesada. Miro Quesada provenía de una familia acomodada y era considerado un héroe del surf en su país por desafiar con éxito grandes olas en lugares como La Herradura y Pico Alto.

Encontró su fin en 1967 cuando cayó violentamente de cabeza en el arrecife de Pipeline en un día muy grande. Miro Quesada murió de un traumatismo contundente en la cabeza.

Malik Joyeux –

Malik Joyeux, un consumado navegante y experto ciclista de tubo de Tahití, murió mientras surfeaba Pipeline en Hawái en 2005. Joyeux era una estrella del surf tahitiano y un destacado en Teahupoo, una ola notoriamente peligrosa en Tahití.

Después de hacer una fuerte caída en Pipeline, Joyeux perdió el equilibrio en el fondo de la ola y fue castigado brutalmente por el impacto total de la cresta de la ola que se estrelló contra él.

Aunque fue encontrado 15 minutos después, ya era demasiado tarde. Malik Joyeux tenía sólo 25 años de edad.

Peter Davi –

El renombrado surfista de olas grandes Peter Davi murió surfeando Ghost Tree, Pescadero point frente a Pebble Beach en California. Davi estaba tratando de surfear un gran día. Las alturas de olas estimadas por algunas cuentas fueron de 50 a 70 pies.

Después de perder su tabla de surf, un compañero surfista le ofreció a Davi un paseo en una moto acuática, pero se negó. Davi fue encontrado más tarde flotando boca abajo en los lechos de algas marinas. Los esfuerzos para revivirlo no tuvieron éxito. Tenía 45 años.

Sion Milosky –

Sion Milosky era un popular surfista hawaiano de Kauai que era conocido por su intrépido enfoque del surf de olas grandes. En 2011, murió trágicamente mientras surfeaba Mavericks cuando se desvaneció en una ola masiva y fue retenido bajo el agua durante varios minutos. Las olas se estimaron en 40 a 60 pies.

Desafortunadamente, nadie notó que Sion no había salido a la superficie hasta aproximadamente 20 minutos después, cuando fue encontrado flotando boca abajo. Sion tenía 35 años.

Jim Broach –

Jim Broach simplemente desapareció. En un día de invierno en Hawái 1993 el oleaje estaba bombeando. Sunset Beach fue épica ese día y también lo fue la multitud. El experimentado surfista de olas grandes Jim Broach eligió pasar por Sunset Beach y en su lugar decidió surfear en un raro, en ese momento, lugar de mysto llamado acertadamente Phantoms.

Broach fue visto remando en las olas masivas, pero desafortunadamente y misteriosamente Jim desapareció y nunca fue visto de nuevo.

Marcio **Freire** –

El "Mad Dog" brasileño Freire murió mientras remolcaba olas de surf estimadas en 40 a 50 pies en Nazaré a lo largo de la costa central de Portugal. Marcio Freire fue uno de los tres surfistas brasileños que se hicieron conocidos como los "Mad Dogs" después de surfear con éxito olas masivas en Tiburón y aparecer en el documental de surf de 2016 "Mad Dogs".

Freire tenía 47 años y es la primera persona en morir surfeando Nazaré.

Mikala Jones –

Mikala Jones era un padre, hermano, hijo, esposo y estrella de surf de renombre mundial de la costa norte de Oʻahu. Jones creció surfeando las poderosas olas de North Shore, incluyendo Pipeline, Sunset Beach y Waimea Bay. Cuando era joven, ya era un maestro surfista en olas pequeñas y grandes.

Para expandir su experiencia en el océano, Mikala comenzó a viajar en busca de descubrir olas perfectas en lugares exóticos y remotos de todo el mundo.

En julio de 2023, Mikala estaba surfeando al otro lado del mundo en Sumatra Occidental, Indonesia, cadena de islas Mentawai. Aunque su pericia y experiencia en el surf era insuperable, murió trágicamente durante un extraño accidente. Supuestamente, la punta afilada en la parte delantera de su tabla de surf o la aleta de la tabla de surf cortaban el interior de su ingle izquierda, una herida que tenía aproximadamente 10 centímetros de largo. Todos los signos apuntaban a una ruptura de la arteria femoral.

Causa de muerte pérdida fatal de sangre. Mikala Jones tenía 44 años.

Todos estos surfistas eran altamente calificados y experimentados, lo que demuestra que incluso los mejores surfistas pueden y son víctimas del poder del océano.

Si bien el surf de olas grandes puede ser increíblemente gratificante, es importante recordar los riesgos frente a las recompensas y tener en cuenta que no importa cuánto entrenamiento y preparación tenga un surfista, el océano siempre se saldrá con la suya.

Es aconsejable respetar todas las olas grandes o pequeñas.

Los surfistas experimentados saben que incluso la ola más pequeña tiene el poder de todo el océano detrás de ella ... se llama RESPETO definitivo.

Hawaiian Big Wave
Surfing Legend Titus Kinimaka
DRAMATIC RESCUE
AT WAIMEA BAY

*"Surfing is about taking risk, that leap of
faith every time I jump in the ocean,
that paddle out among things unseen.
All of these make surfing very special."*
~Shaun Tomson

En una fría mañana de Navidad en Hawái, sin duda el rescate más dramático que jamás haya ocurrido en grandes olas ocurrió en 1989 en la bahía de Waimea en la costa norte de O'ahu.

Un poderoso oleaje de 40 pies al oeste estaba golpeando la bahía de Waimea y muchos de los mejores surfistas de olas grandes del mundo estaban practicando para el próximo concurso de surf de olas grandes Eddie Aikau Quiksilver.

Las olas de oleaje del oeste en la bahía de Waimea son las más desafiantes, notorias por su inclinación, potencia y dificultad para montar, incluso para los surfistas de olas grandes más experimentados, similares a surfear Backdoor Pipeline con esteroides.

Algunas de las estrellas del surf ese fatídico día de Navidad fueron Ross Clark-Jones, Tony Ray, Milton Willis, Ken Bradshaw y Louie Ferreira entre una galaxia de otros mejores corredores. Pero fue Titus Kinimaka quien brilló más. Kinimaka, el orgullo de Hawái era imparable, atrapando cada ola que pasaba, surfeándolas como si fuera un día más en su descanso de casa Kalihiwai en Kauai. Fue quizás una de las mejores actuaciones de surf jamás presenciadas en la Bahía de Waimea.

Hasta... despegando increíblemente tarde en una ola extremadamente empinada, Kinimaka derribó la cara como un cohete, pero por desgracia no lo suficientemente rápido. Un barril tan grande que se podía poner un camión Mack dentro de él se estrelló aplastando a Kinimaka en su tabla de surf como un insecto aplastado.

El impacto resultante terminó rompiendo el fémur de Kinimaka por la mitad. Recordó más tarde, mientras estaba bajo el agua, algo lo golpeaba en la cabeza. Resultó que era su pie.

Kinimaka fue golpeada, golpeada y manipulada. Cuando finalmente volvió a la superficie, dejó escapar un grito angustiado desde lo más profundo de su alma.

Afortunadamente para Kinimaka, había dos surfistas cerca de un joven australiano Karl Palmer y Michael Willis.

Arriesgando sus vidas, Palmer y Willis remaron valientemente hacia la zona de peligro tan rápido como pudieron para rescatar a Kinimaka. Juntos, la pareja levantó a Kinimaka sobre su tabla de surf y comenzó a remarlo en el canal y a un lugar seguro.

Kinimaka tenía un gran dolor, y no querían arriesgarse a remar hacia la playa a través de la rompiente costa. Lo mejor que podían hacer para estabilizar a Kinimaka era formar una balsa salvavidas humana y apoyarlo hasta que el helicóptero de rescate pudiera llegar con olas de veinticinco pies explotando a su alrededor, y evitar que Kinimaka volviera a la alineación y las olas XXL golpeando o, lo que es peor, fueran arrastradas a las rocas de lava a ambos lados de la bahía de Waimea.

Para hacer las cosas más tensas fueron dos tiburones tigre adultos dando vueltas por la vecindad. Los tiburones tigre son conocidos por ser agresivos e impredecibles.

A estas alturas, la mayoría de los surfistas en la alineación eran conscientes del drama que se desarrollaba y en poco tiempo la mayoría de los surfistas se alinearon hacia la orilla tan rápido como pudieron.

A pesar de la presencia de dos tiburones tigre adultos, Milton Willis, Robbie Page y Thierry Vieilledent no pensaron en su propia seguridad personal, remaron valientemente para ayudar a reafirmar la situación nerviosa. En este punto, los ojos de Kinimaka comenzaron a rodar hacia arriba hasta la parte posterior de su cabeza y sus dientes comenzaron a castañear violentamente. Kinimaka estaba entrando en shock.

Habiendo sido entrenado en técnicas de rescate, Michael sabía que tenía que evitar que Kinimaka entrara en shock y muriera. Entonces, Michael se quitó la parte superior de su traje de neopreno y usó su cuerpo para darle calor corporal que salva vidas a Kinimaka, de corazón a corazón.

A estas alturas parecía que toda la comunidad de North Shore estaba mirando desde la orilla y la alineación estaba vacía, excepto por Kinimaka y sus rescatadores.

Después de lo que parecieron 25 minutos largos o más, Derrick Doerner, el salvavidas de turno ese día, remó para ver qué estaba pasando.

A su llegada, Doerner ordenó a Willis que se bajara de Kinimaka. "¡Lo llevamos *a la playa!*". Willis no prestó atención a la orden, sino que le explicó atentamente a Doerner la grave situación y lo que había que hacer.

Siguiendo la dirección de Michael, Doerner pidió por radio un helicóptero, pero pasarían otros largos 45 arduos minutos antes de que llegara el apoyo aéreo.

Ken Bradshaw y Louis Ferreira aparecieron en algún momento de la escena aparentemente para ayudar en el rescate.

Cuando el helicóptero finalmente llegó y los hermanos Willis estaban cargando a Kinimaka en la canasta para ser transportado por aire a un lugar seguro, tanto Bradshaw como Ferreira estaban ansiosos por escalar para salir de la zona de peligro lo más rápido que pudieran ... Y lo hicieron.

Kinimaka fue llevado a la orilla, donde fue transportado al hospital en estado crítico.

Tomaría unos meses, pero con un enfoque guerrero y una resolución valiente, Kinimaka se recuperó por completo y por completo.

Algún tiempo después, Kinimaka llegó a la casa de Willis en Sunset Beach para agradecer personalmente a Michael y decirle que no podía recordar nada sobre el aniquilamiento, el rescate ni el viaje en helicóptero.

Lo que Kinimaka *sí* recordaba era el latido del corazón de Michael y el calor del contacto humano que le salvó la vida.

Los hermanos Willis, Milton y Michael, junto con Karl Palmer, Robbie Paige y Thierry Vieilledent recibieron extraoficialmente el certificado de mérito para salvar vidas de la ciudad y el condado del estado de Honolulu de Hawái por exhibir un coraje extremo y un valor desinteresado durante el exitoso rescate de Titus Kinimaka en condiciones de oleaje extremadamente peligrosas. Héroes anónimos. Historia real. Hecho.

Chapter 6

HAWAIIAN SURFERS ORIGINAL GUARDIANS OF THE SEA

"Semper Paratus ~ Always Ready"
~United States Coast Guard motto

La cultura hawaiana tiene sus raíces en el amor por el mar. Los nativos hawaianos tienen una profunda conexión y comprensión del océano.

En la cultura hawaiana el mar es tan importante como la tierra. Mucho antes de que alguien escuchara hablar del término salvavidas, los surfistas hawaianos usaban el océano como fuente de alimento, lugar de culto y también como su patio de recreo favorito.

Años antes de que se estableciera el salvavidas oceánico oficial, los surfistas hawaianos no tenían salvavidas ni entrenamiento oficial. No necesitaban salvavidas porque eran los salvavidas. Los surfistas eran grandes navegantes debido a su gran comprensión de las condiciones del océano, las corrientes y las olas.

Hawái, el hogar de las olas más grandes jamás surfeadas, también es responsable de las mayores contribuciones al salvamento de vidas oceánicas en el mundo. El verdadero salvavidas oceánico tal como lo conocemos hoy comenzó y continúa evolucionando desde el Reino de Hawái.

El término "salvavidas" probablemente se popularizó por primera vez a finales del siglo 19 en Inglaterra, donde el deber de vigilar a los nadadores y rescatar a los que estaban en problemas en el océano se asignó a individuos especialmente designados.

A principios del siglo 20, Wilber E. Longfellow es reconocido por organizar el primer programa de capacitación para salvar vidas de Estados Unidos en la costa este. Se le atribuye la reducción a la mitad de la tasa de ahogamiento en ese momento.

El concepto de salvavidas ha seguido evolucionando a lo largo de los años, con el desarrollo de programas formales de capacitación, técnicas de rescate estandarizadas y equipos especializados para ayudar en los rescates acuáticos. Hoy en día, los salvavidas son una parte esencial para garantizar la seguridad de las personas que nadan y participan en actividades relacionadas con el agua del océano.

A principios del siglo 20, el legendario surfista hawaiano, nadador olímpico, verdadero salvavidas y padre del surf moderno, Duke Kahanamoku fue atribuido con la introducción de la tabla de surf para salvar vidas.

Mientras vivía en el sur de California, aunque no era un salvavidas oficialmente entrenado, el 14 de junio de 1925, Kahanamoku logró rescatar a ocho hombres de un barco pesquero que volcó en un fuerte oleaje mientras intentaba ingresar al puerto de la ciudad. Usando su tabla de surf, Kahanamoku hizo repetidos viajes desde la costa hasta el barco volcado y de regreso.

Antes del heroico rescate de Kahanamoku, los salvavidas solían confiar en botes de remos o natación para rescatar a los nadadores en peligro. Kahanamoku reconoció que podía utilizar su tabla de surf para llegar a una persona en problemas más rápido y con mayor eficiencia. Luego usó la tabla como un dispositivo de flotación para transportar a la persona de manera segura de regreso a la orilla. Esta técnica transformó la práctica del salvavidas y contribuyó a la adopción generalizada de tablas de surf utilizadas para rescates no solo en California y Hawái, sino también en todo el mundo.

Eddie Aikau enseña a los hermanos Willis la forma hawaiana de sobrevivir a las corrientes de resaca.

A mediados y finales de los años sesenta, la ciudad y el condado de Honolulu necesitaban un salvavidas calificado para asegurar las agitadas aguas invernales de la costa norte de O'ahu. El hombre más adecuado para el trabajo de salvavidas desde Hale'iwa hasta Sunset Beach fue el experto surfista de olas grandes Eddie Aikau, quien se convirtió en el primer salvavidas contratado en North Shore en 1968.

Aunque Aikau era responsable de patrullar desde Hale'iwa hasta Sunset Beach por sí mismo, nadie se perdió en su reloj. Por su heroísmo por encima y más allá de Aikau fue nombrado salvavidas del año en 1971.

A menudo se dice que Eddie saldría a surfear en las olas más grandes cuando nadie más lo haría o podría, pero su contribución para salvar vidas es lo que realmente define su legado.

Aikau fue fundamental para enseñar a otros, específicamente las técnicas preventivas y de autorescate de los surfistas. Advirtió a todos que nunca le dieran la espalda al océano y advirtió a los surfistas que permanecieran en las olas si perdían su tabla de surf y tenían que nadar.

Cuando el oleaje se hizo grande, los surfistas desconocidos que perdieron sus tablas de surf se verían tentados a pasar de las olas a las aguas profundas y suaves en el canal donde no rompían las olas. Aikau a través de la experiencia sabía que en el momento en que un surfista o nadador llegara al canal, sería absorbido por el mar y él sería responsable de recuperarlos. Prevenir un rescate fue más fácil que realizar un rescate.

Fue Eddy Aikau quien instruyó a los futuros campeones extremos de surf de olas grandes, los hermanos Willis, Milton y Michael, sobre cómo usar las corrientes para salir eficientemente más allá de los rompientes y las olas para regresar a la costa de manera rápida y segura.

Los hermanos aprendieron bien, en más de 20 años de surfear olas grandes y pequeñas en Hawái, aunque tanto Milton como Michael rescataron con éxito a muchos que ellos mismos nunca necesitaron rescatar. Gracias, Hawái, Higher Power y Eddie Aikau.

En 1998, Milton Willis recibió un Certificado oficial de Mérito para Salvar Vidas por uno de sus muchos rescates exitosos en condiciones extremadamente peligrosas de la Ciudad y el Condado de Honolulu. Tanto Milton como Michael son reconocidos por realizar rescates exitosos en la costa norte durante el oleaje alto, incluido el rescate histórico del surfista de olas grandes y salvavidas hawaiano Titus Kinimaka en la bahía de Waimea.

Los hawaianos Hanai Milton y Michael enseñan al mundo la manera de los surfistas hawaianos para sobrevivir a las corrientes de resaca.

A principios del siglo 21, los hermanos Willis se mudaron al sur de California y establecieron una escuela muy exitosa para enseñar surf, conceptos básicos de waterman y seguridad en el agua del océano.

Así como Eddie Aikau había educado a los hermanos Willis, Milton y Michael, enseñaron a sus estudiantes respeto por el océano y entre ellos, técnicas de surf iniciales y avanzadas y cómo evitar y sobrevivir a las corrientes de resaca a la manera del surfista hawaiano que los estudiantes se referían cariñosamente como la manera Willis.

En la playa, a unos cientos de metros de la Escuela de Surf Willis Hermanos, los salvavidas de la ciudad, estamos ejecutando el programa Jr. Lifeguard. Ocasionalmente, después del campamento, los niños se reunían para terminar el día jugando en el océano.

En una tarde de verano, Jack, uno de los estudiantes de los hermanos Willis, fue a nadar con 5 de sus amigos del programa Junior Guard. Todos tenían entre 10 y 12 años y eran nadadores algo consumados.

Pasando un buen rato, los chicos no se habían dado cuenta de que se estaban alejando cada vez más. Sin que ellos lo supieran, el agua se estaba volviendo cada vez más profunda. Fue Jack quien advirtió a los demás: "Creo que estamos en una corriente de resaca, es mejor que nademos hacia las olas".

Los niños de la Guardia Junior se burlaron de Jack diciendo que sabían lo que estaban haciendo. Jack terminó nadando hacia las olas y siendo arrastrado de vuelta a la orilla. En cuanto a los Guardias Junior, terminaron teniendo que ser rescatados por los salvavidas.

Al día siguiente, Jack no podía esperar para contar toda la historia. Con una gran sonrisa exclamó: "No escuché a esos tipos, sabía qué hacer, ¡nadé hasta las olas a la manera Willis! Y las olas me trajeron de vuelta a la orilla tal como dijeron que lo harían!!"

El destino quiso que más tarde esa semana, con salvavidas de guardia en una playa estatal a pocas millas al norte, un hombre y sus hijos se ahogaron después de quedar atrapados en una corriente de resaca y arrastrados a aguas profundas.

Esta fue la epifanía para los hermanos Willis. Se dieron cuenta de que lo que era de conocimiento común para los surfistas hawaianos experimentados era completamente extraño para el resto del mundo. Evite las corrientes de resaca vadeando o nadando frente a las olas y escape de las corrientes de resaca yendo a las olas.

El objetivo de los hermanos Willis se convirtió en compartir esta valiosa información que habían aprendido surfeando en el Reino de Hawái con el resto del mundo para ayudar a prevenir ahogamientos innecesarios y hacer que el océano sea más seguro para todos.

Organizaron clínicas de seguridad oceánica para niños y adultos para corporaciones y militares, escribieron artículos, hicieron videos de seguridad oceánica y educaron al público de todas las maneras posibles. Pero sus esfuerzos no fueron suficientes. No tenían influencia oficial.

Los Willis comenzaron una ambiciosa campaña para educar y trabajar con los salvavidas locales de la ciudad y el estado, pero los guardias no fueron receptivos a la forma hawaiana de sobrevivir a las corrientes de resaca.

Sin desanimarse, Milton y Michael continuaron sin inmutarse yendo más arriba en la jerarquía de salvavidas, contactando personalmente a los capitanes de salvavidas y bomberos de San Diego a Los Ángeles en vano.

Agotando todos los esfuerzos desde cero, Milton decidió ir a la cima contactando a la Administración Nacional Oceánica y Atmosférica (NOAA) y la Asociación de Salvavidas de los Estados Unidos (USLA), los organismos que dictan y hacen cumplir las políticas de salvavidas.

Al principio, la forma hawaiana de sobrevivir a las corrientes de resaca no fue bien recibida, pero debido a la persistencia de Milton finalmente fue aceptada. USLA personalmente le escribió a Milton afirmando que la entrada de los hermanos Willis se incorporó a la política oficial de salvavidas como una opción para sobrevivir a las corrientes de resaca y se publicó en formato de pictograma.

Después de leer un artículo que apareció en Ocean Magazine sobre los hermanos Willis y las corrientes de resaca sobrevivientes, el salvavidas Mike Hutchinson se convirtió en el primero en enseñar oficialmente el Camino Hawaiano de sobrevivir a las corrientes de resaca en la costa este al incluirlo en el programa Junior Lifeguard de Sea Bright New Jersey. Lo llamó una técnica de "auto-rescate" extremadamente valiosa para surfistas y nadadores por igual.

A pesar de que la forma hawaiana de evitar y/o escapar de las corrientes de resaca usando olas ahora es adoptada oficialmente por NOAA y USLA, muchos de los surfistas y salvavidas de hoy fuera de Hawái todavía no tienen ni idea, se necesita más trabajo para hacer que esta valiosa información comprobada que salva vidas sea de conocimiento común.

Socorristas desde tablas de surf hasta motos acuáticas

Los socorristas profesionales de hoy han recorrido un largo camino desde la introducción de Duke de la tabla de surf hasta salvar vidas. Los avances en los rescates oceánicos continúan viniendo directamente de Hawái. El surfista hawaiano de olas grandes Brian Keaulana revolucionó la seguridad del agua del océano al ser el primero en utilizar oficialmente la moto acuática como una herramienta eficiente para realizar rescates oceánicos rápidos y / o difíciles en olas grandes y pequeñas.

Hoy, gracias a Brian Keaulana y otros socorristas hawaianos, todos los programas de salvavidas actualizados en el mundo utilizan motos acuáticas para ejecutar rescates, así como patrullar las aguas en busca de nadadores en peligro o atrapados en corrientes de resaca.

Para aquellos que deseen aprender más sobre la historia de salvamento de Hawái y sus contribuciones al mundo, hay un gran documental que vale la pena ver escrito por Jim Kimpton y producido por Marty Hoffman.

Guardianes de la Gran Ola, protagonizada por el surfista de olas grandes y salvavidas Brian Keaulana, que cuenta la historia del salvavidas hawaiano y cómo está intrincadamente entrelazado con el surf y la cultura contemporánea de Hawái.

La importancia de Hawái y sus numerosas contribuciones al mundo del surf, el surf extremo de olas grandes y el salvavidas oceánico se perpetuará para siempre gracias en parte a la dedicación y los esfuerzos de los surfistas hawaianos de olas grandes como Duke Kahanamoku, Eddie Aikau, los hermanos Willis Milton y Michael, y Brian Keaulana.

Sobrevivir a las corrientes de resaca, el estilo de los surfistas hawaianos

"Azul hacia fuera Blanco en"

Eddie Aikau

La leyenda del surf de olas grandes y salvavidas de la Bahía de Waimea, Eddie Aikau, educó personalmente a los hermanos Willis para que se convirtieran en expertos en seguridad oceánica probados, verdaderos y probados.

1. Para evitar corrientes de resaca, permanezca en las olas.
2. Para escapar de las corrientes de resaca, mantenga la calma y nade en dirección a las olas más cercanas.
3. Nunca luches contra la corriente, siempre fluye con la corriente.
4. Eddie diría azul *fuera blanco adentro*.

En otras palabras, el agua tranquila azul profundo es donde las corrientes de resaca salen al mar.

Las aguas blancas y turbulentas menos profundas donde rompen las olas son el agua del océano que se dirige a la orilla.

La idea es remar con la rasgadura y si pierdes tu tabla de surf entonces nadar con las olas. Permanezca en las olas para evitar la corriente de resaca.

En el espíritu del mejor salvavidas jamás vivido, a quien se le atribuyen 100 rescates exitosos, los hermanos Willis continúan honrando la vida y el legado del surfista hawaiano de olas grandes Eddie Aikau compartiendo con otros el Camino de los surfistas hawaianos para sobrevivir a las corrientes de resaca.

Consulta más información en Thinkwaves.org

110

HEAVY WAVE CHAMPIONS OF THE WORLD

"It's a culmination of your life
when you turn and paddle in
at Mavericks."
~Jeff Clark

Reino de Hawái – No ka oi

El surf de olas grandes alguna vez se consideró exclusivo y solo lo practicaron un puñado de individuos radicales de pensamiento libre, principalmente en Hawái.

Actualmente, el surf de olas grandes es un fenómeno global. Se están descubriendo grandes olas en todo el mundo, desde Indonesia hasta Irlanda, Chile y Alaska, y en todas partes. Hoy en día el mundo está fascinado con el surf de olas grandes.

El Reino de Hawái es el hogar del surf de olas grandes y hasta hace poco era considerado la meca para todos los surfistas de olas grandes que querían experimentar la emoción de surfear olas grandes y hacerse un nombre.

Mavericks, California -

Todo esto cambió con el descubrimiento de Mavericks en el norte de California. Antes de un surfista llamado Jeff Clark que compartió con el mundo del surf fotografías de olas imponentes al sur de San Francisco, la mayoría de los surfistas pensaban que California no tenía olas grandes.

Resulta que algunas de las olas grandes más manejables y peligrosas del mundo se encuentran en California y Baja California.

Clark se convirtió en una celebridad internacional y un surfista legendario cuando introdujo a Mavericks en el mundo del surf en 1990. California ahora se consideraba un lugar de olas grandes de primer nivel.

Con el tiempo, expertos surfistas de olas grandes como Ken Bradshaw, Mark Foo, Garrett McNamara y otros comenzaron a ir de Hawái a California para perseguir estas olas masivas.

Este fue un cambio importante que marcó la primera vez que los surfistas estaban ganando un estatus legendario en el mundo del surf de olas grandes en otro lugar que no fuera Hawái.

Y resulta que, no mucho tiempo después, Mark Foo se convirtió en el primer surfista que perdió trágicamente la vida en Mavericks. Esto solo hizo que la reputación de Maverick como una gran ola fuera más notoria.

Ahora Mavericks era un asesino.

Todos Santos Isla, Baja California -

A fines de la década de 1980, los surfistas profesionales Tom Curran y Dave Parmenter fueron filmados surfeando grandes olas en la isla de Todos Santos, que se encuentra a 10 millas de la costa de Ensenada en Baja California Norte. Y en 1998, Taylor Knox de Carlsbad, California, puso a Todos Santos sólidamente en el mapa de surf de olas grandes con un viaje estimado en más de 50 pies.

Por sus increíbles esfuerzos, Knox recibió elogios internacionales, ganando el K2 XXL Ola Grande Desafiar y un premio en efectivo de $50,000 para la ola más grande surfeada ese año.

Este fue el mismo año en que Hawái tuvo su primer "Código Negro" y los hermanos Willis, Milton y Michael, lo surfearon. Aunque había imágenes dramáticas de los hermanos Willis remando en la enorme bahía de Waimea "Código Negro", el ganador fue para Taylor Knox.

La revista Surfing dijo que los hermanos Willis fueron "los *ganadores no oficiales*" del concurso K2 Ola Grande.

Cortez Banks, California -

En 2001, otro lugar de surf de olas grandes fue descubierto a unas 100 millas de la costa de California, los Cortez Banks. Los surfistas profesionales Mike Parsons, Peter Mel y Brad Gerlach fueron filmados surfeando olas estimadas en más de 50 pies.

A Parsons se le atribuye haber surfeado una ola de más de 65 pies, lo que resultó en el libro Guinness de los récords mundiales por la ola más grande jamás surfeada y un premio en efectivo de más de $50,000. Es seguro decir que el mundo del surf de olas grandes ahora estaba abierto.

Dungeons, South Africa –

Dungeons, un lugar de surf de olas grandes ubicado cerca de Ciudad del Cabo, Sudáfrica, se sabe que se surfeó en la década de 1980 y es considerado por muchos como la contraparte de Mavericks en California.

Las olas en Dungeons son creadas por un profundo cañón submarino y pueden alcanzar alturas de más de 50 pies.

Algunos de los surfistas de olas grandes más famosos asociados con Dungeons incluyen a Grant "Twiggy" Baker, quien ha ganado múltiples concursos en el descanso, y Chris Bertish, quien remó en una ola masiva en 2010.

Nazaré, Portugal -

En 2011, el surfista de olas grandes de 44 años Garrett McNamara de Hawái afirmó haber surfeado una ola en Nazaré estimada en más de 75 pies de altura.

De repente, el Reino de Hawái, hogar del surf extremo de olas grandes, ahora estaba regulado como el segundo mejor. Nazaré estaba siendo aclamado como las olas montables más grandes del mundo y el libro Guinness del récord mundial era ahora suyo.

La belleza de Nazaré es el ángulo fotográfico a menudo asociado con él, lo que hace que las olas parezcan mucho más grandes de lo que realmente son las olas.

Lo que el libro Guinness de los récords mundiales llamaba una ola de 78 pies en Nazaré se considera ola de 35 a 40 pies en Hawái.

Actualmente, Sebastian Steudtner de Alemania, tiene el libro Guinness oficial de los récords mundiales de la ola más grande jamás surfeada en Nazaré en octubre de 2020, lo que hace de Nazaré supuestamente el hogar de las olas más grandes del mundo.

¿Estás listo para esto? Nazaré tiene las olas más grandes jamás surfeadas en el mundo es en realidad el mayor bombo en el mundo del surf.

Reino de Hawái -

Lo que el libro Guinness de los récords mundiales, McNamara y Steudtnar no reconocen es que Alec Cooke, también conocido como Ace Cool, fue documentado surfeando una ola de 100 pies en el arrecife exterior Pipeline en 1985.

También en 1998, los hermanos Willis junto con Ken Bradshaw fueron documentados surfeando olas en Outer Log Cabins estimadas en 85 a 90 pies. ¡Esto fue en 1998!

Muchos expertos en surf calificados, aparte del libro Guinness de los récords mundiales, apuntan al 1/28/98 en el Reino de Hawái como las olas más grandes jamás surfeadas sin excepción.

Después de surfear Outer Log Cabins, los hermanos Willis se aventuraron a JARDÍN DEL DIABLO otra media milla a una milla encontrando olas estimadas en más de 100 pies. Hecho.

En la escena, el fotógrafo de este día monuMENTAL Hank Foto declaró:

"¡Vi olas de 100 pies que eran tan grandes que parecían falsas!"

Aquellos que realmente se preocupan por la verdad y la precisión harán la tarea. Después de verificar los datos de tormentas, alturas de oleaje, intervalos de olas y otra información pertinente, los resultados confirman ...

Las olas más grandes del mundo se encuentran y surfean en el Reino de Hawái.

Small Waves, Big Waves, Extreme Big Waves

HOW TO MEASURE WAVES

*"Even the smallest wave has the power
of the entire ocean behind it."*
~Michael Clebert Willis

¿Alguna vez te has preguntado cómo se miden las ondas?

Desde el principio, las olas se medían por yuxtaposición utilizando el cuerpo del surfista en proporción a la cara de una ola. Identificar las ondas como planas y subir desde allí hasta la altura del tobillo, la rodilla alta, la cintura alta, la altura de los hombros, la cabeza alta, la cabeza alta, el doble triple de la cabeza, el cuádruple, cinco veces por encima de la cabeza, y después de eso casi incomprensible.

Las observaciones visuales en vivo son el método más básico y antiguo de medición de ondas. Implica simplemente mirar las olas y estimar su altura y período. Este método es el estándar ampliamente utilizado en la actualidad.

El problema con la observación de testigos oculares es que a menos que haya algún tipo de punto de referencia, como un surfista en la ola, es extremadamente difícil estimar las alturas de las olas, incluso para los surfistas más experimentados.

Las grandes olas parecen pequeñas en la distancia. No es raro que los surfistas vean olas "pequeñas" a lo lejos, solo para remar y descubrir que las pequeñas olas que vieron eran en realidad sustancialmente más grandes de lo que pensaban.

Si bien las fotografías pueden ser impresionantes, no son un método científico para medir con precisión las ondas.

Desde que John Severson fundó la revista Surfer en 1962, la primera revista de surf del mundo, los surfistas han utilizado imágenes fotográficas como una forma de medir la altura de las olas.

El problema con el uso de fotografías como evidencia para medir las alturas de las olas es que las fotografías no siempre cuentan la imagen completa. Para obtener el mayor impacto de sus imágenes visuales, Severson empleó el truco fotográfico de inclinar la foto y cambiar su ángulo para poder hacer que una ola de 10 pies pareciera 30 pies.

Resulta que los ángulos fotográficos pueden cambiar radicalmente la percepción de cuán grande o pequeña es realmente una ola. La misma ola filmada desde diferentes ángeles hace un mundo de diferencia. Una ola de 5 pies filmada desde un ángulo más alto puede aparecer fácilmente 25 pies o más.

La mayoría de la gente se sorprendería al descubrir que el libro Guinness de los récords mundiales de Sebastian Steudtner para surfear la ola más grande del mundo se basa en una fotografía y algunos tipos a puerta cerrada en una habitación oscura usando la parte inferior de la pierna de Steudtner en la foto como referencia de medición. ¿Dónde está la ciencia real que respalda la afirmación de Steudtner?

En verdad, el Libro Guinness de los Récords Mundiales por surfear la ola más grande del mundo se basa más en la exageración y el sensacionalismo que en la ciencia y los hechos, y está contaminado por la necesidad / codicia y las motivaciones monetarias.

El sensacionalismo y la exageración que rodea el gran lugar de olas Nazaré es un ejemplo perfecto de esto. Las olas que se considerarían 35 pies en el Reino de Hawái se denominan 78 pies más en la ciudad portuguesa de Nazaré. Y por qué no, es bueno para los negocios.

Hay que reconocer que las fotografías de las olas de Nazaré son espectaculares. Los fotógrafos hacen todo lo posible para obtener el ángulo correcto.

El ángulo correcto es el que hace que la ola parezca más grande. En este caso, realmente no importa cuán grande o pequeña sea una ola. Lo que importa y paga es cuán grande parece ser una ola en los medios.

La evidencia fotográfica para medir las alturas de las olas no es en realidad evidencia en absoluto. La evidencia real se reduce a la ciencia, los números y los hechos concretos, no una foto y un tipo en una habitación midiendo con una regla.

Después de analizar la ciencia, resulta que el Reino de Hawái tiene las olas más grandes del mundo. Nazaré debe ser respetado con seguridad, pero no está en la misma liga que Hawái.

Antes de que Nazaré se hiciera famoso por tener las olas más grandes del mundo y una economía en auge que prosperaba gracias a los turistas y los ricos dólares de los surfistas, era una pequeña comunidad de playa somnolienta y empobrecida. Sigue el dinero.

Los siguientes son algunos de los métodos científicos utilizados para medir las ondas hoy en día.

<u>Boyas de olas</u>. Las boyas de olas son instrumentos que miden la altura, el período y la dirección de las olas del océano. Están anclados al fondo marino y transmiten datos a la costa vía satélite. Las boyas de olas son ampliamente utilizadas para la investigación oceanográfica, el monitoreo de olas y los sistemas de alerta de tsunamis.

<u>Sensores de presión</u>. Los sensores de presión son dispositivos que miden los cambios en la presión del agua causados por el paso de las olas. A menudo se utilizan en combinación con boyas de olas y pueden proporcionar mediciones precisas de la altura y el período de las olas.

<u>Perfilador de corriente Doppler acústico (ADCP)</u>. ADCP son instrumentos que utilizan ondas sonoras para medir las corrientes de agua y las características de las olas. Pueden medir la altura, el período y la dirección de las olas, así como la velocidad y dirección del agua.

Los ADCP son ampliamente utilizados en la investigación oceanográfica y el monitoreo de olas.

Teledetección. La teleobservación implica el uso de satélites y radares para medir las ondas del espacio ultraterrestre. Este método puede proporcionar una visión a gran escala de los patrones de olas en grandes áreas del océano y se utiliza a menudo para el pronóstico del tiempo y la investigación oceanográfica.

Lidar. Lidar, que significa Light Detection and Ranging, es una tecnología basada en láser que puede medir la altura y la forma de las olas. Funciona haciendo rebotar rayos láser en la superficie del océano y midiendo el tiempo que tardan los rayos en regresar. Lidar sigue siendo una tecnología relativamente nueva, pero tiene el potencial de proporcionar mediciones precisas y de alta resolución de ondas en tiempo real.

Quizás la forma más precisa de medir las olas proviene del legendario surfista de olas grandes Buzzy Trent que relata cómo se pueden medir las olas. "*En incrementos de miedo.*"

A decir verdad, la primera vez que seas testigo de una ola de 100 pies de cerca cara a cara, no verás una ola de 100 pies, verás a Dios.

BIG WAVE SURFING & BIRTH OF EXTREME BIG WAVE SURFING

*"Follow your heart and
fear does not exist."*
~Garrett McNamara

Confía y cree que no hay tal cosa como la tibieza cuando se trata de surfear las olas más grandes. Es 100% "Ir *Ir Ir*" sin vuelta atrás compromiso de todo corazón.

Preparando el escenario -

El surf de olas grandes se ha convertido en una subcultura dentro del mundo del surf en general. La escena que lo rodea enfatiza la aptitud física, la fortaleza mental y la voluntad de tomar riesgos audaces.

Los surfistas valientes y audaces que persiguen la conducción de olas grandes se encuentran entre los atletas más apasionados y comprometidos del mundo.

Principios del siglo 20 -

En el siglo 20, el surf era un deporte marginal que era practicado principalmente por hawaianos nativos. Duke Paoa Kahanamoku es considerado el padre del surf moderno por sus contribuciones al surf y al salvamento del océano.

En 1917, Kahanamoku fue testigo de atrapar una enorme ola con una tabla de surf de madera larga y pesada y montarla durante más de una milla. Él personalmente estimó que la ola tenía 30 pies de altura.

En la década de 1950, un puñado de surfistas aventureros comenzaron a explorar los límites exteriores de lo que era posible en una tabla de surf. Comenzaron a montar olas que eran dos veces más grandes que las olas estándar a las que la mayoría de los surfistas estaban acostumbrados.

Los primeros pioneros del surf de olas grandes comenzaron a empujar los límites del surf de olas grandes en lugares de renombre como Makaha ubicado en el lado oeste de O'ahu y más tarde en Sunset Beach y Waimea Bay en North Shore.

Algunos de los primeros surfistas notables de olas grandes incluyeron a Greg Noll, Fred Van Dyke, George Downing, Buzzy Trent, Pat Curren, Wally Froiseth y Peter Cole.

Mediados del siglo 20 –

En la década de 1980, surfistas como Mark Foo, Ace Cool, James Jones y Keone Downing empujaron los límites del surf de olas grandes aún más al desafiar los arrecifes exteriores que antes se consideraban imposibles de surfear.

Intrépidas surfistas femeninas como Joyce Hoffman, Margo Oberg, Debbie Beecham y Betty Depolito fueron pioneras fundamentales del surf de olas grandes en las décadas de 1980 y 1990 y ayudaron a sentar las bases para las mujeres surfistas extremas de olas grandes de hoy.

Finales del siglo 20 - UN VERDADERO CAMBIO DE JUEGO!

Las olas más grandes jamás surfeadas en el siglo 20 hasta el presente.

En 1985, Ace Cool, cuyo nombre real es Alec Cooke, se convirtió en el primer surfista documentado surfeando una ola de 100 pies. Foto histórica por Warren Bolster.

A mediados y finales de la década de 1990 se produjo el aumento del surf de remolque. Un método en el que una fuerza externa, como una moto acuática o una lancha a motor, remolcaría a los surfistas hacia olas que antes se consideraban imposibles de surfear. Esto permitió a los surfistas enfrentarse a olas aún más grandes.

Nombres como Buzzy Kerbox, Laird Hamilton, Milton Willis, Michael Willis, Dave Kalama y Ken Bradshaw se convirtieron en sinónimo de surf de olas grandes extremas.

En 1998, los hermanos Willis Milton y Michael se unieron a Alec Cooke como las únicas 3 personas en la historia probadas por haber surfeado olas de 100 pies o más cuando fueron documentadas surfeando Outer Log Cabins. Y una milla más lejos acreditada con olas de surf de más de 100 pies en JARDÍN DEL DIABLO, fuera de Sunset Beach.

El Nuevo Milenio -

En el siglo 21, los surfistas de olas grandes ahora entienden que no hay límites en el tamaño de las olas que los surfistas pueden y montan.

Para los surfistas extremos de olas grandes de hoy, el encanto de la ola de 100 pies se cierne constantemente en el horizonte. Es el santo grial buscado con impaciencia del surf extremo de olas grandes. Los surfistas, figurativa y literalmente, están preparados y sacrifican sus vidas en pos de ello.

¿Qué impulsa a estas personas a arriesgar sus vidas por una ola de 100 pies? ¿Es la búsqueda de la felicidad, la máxima emoción, un deseo de muerte, fortuna y fama? ¿Unificación con el universo y vida eterna?

La verdad es que las olas de 100 pies son muy raras y surfear una ola de 100 pies está más allá de lo que los surfistas de olas grandes de ayer imaginaron. Pero, por desgracia, ahora sabemos que no solo es posible, lo han hecho algunos surfistas con los que puedes contar con una mano Ace Cool, Michael Willis y Milton Willis.

A modo de comparación, ¡más personas han estado en la luna que han surfeado una *ola de 100 pies!*

CHAPTER 10

BIG WAVE SURFING LEGEND
MARK FOO

"Eddie would Go."
~Mark Foo

En el invierno de 1978/79, Mark Foo era una superestrella en ascenso que vivía en la costa sur de Oʻahu. Michael Willis vivía y trabajaba dando forma a tablas de surf en Holawa Street en Sunset Beach en North Shore. Por casualidad, o por destino, Foo estaba buscando un shaper para su nueva línea de tablas de surf llamada Hawaiian Vibrations de Mark Foo.

Fue Ed Searfoss, quien acristaló básicamente el 80% de todas las tablas de surf en North Shore, quien hizo la conexión entre Foo y Willis.

Mark Foo estaba surfeando en la gira International Professional Surfing (IPS) en ese momento y vendría a ver a Michael para trabajar en Hawaiian Vibrations y sus tablas de surf personales de olas pequeñas para la próxima etapa australiana de la gira.

Debido a que Michael vivía a solo unos cientos de metros de las olas, era un gran lugar para ir a surfear y enjuagar el polvo después de dar forma.

Inevitablemente, Foo se unió a Willis y comenzaron a surfear Sunset Beach regularmente juntos. En este momento, ambos surfistas se animaron mutuamente a despegar en olas cada vez más grandes y más pronunciadas y profundas.

Los resultados del concurso de surf de Foo fueron algo mediocres en la gira profesional. Estaba obteniendo una gran exposición, tomas de cobertura, pliegues centrales, etc., pero parecía que no podía elevarse hacia arriba en la arena competitiva de olas pequeñas. Para continuar siendo un surfista profesional, solo había una forma de ir para Foo y era en el mundo del surf de olas grandes, lo que significaba Waimea Bay en ese momento.

Este fue un período emocionante para el surf de olas grandes, ya que las correas nunca se habían usado antes en olas de 20 pies o más. Mark Foo fue uno de los primeros surfistas en usar una correa en Waimea Bay en un gran oleaje.

Casi al mismo tiempo, Simon Anderson, un surfista profesional australiano y muy solicitado modelador y diseñador de tablas de surf, acababa de presentar el diseño de tres aletas para tablas de surf de olas pequeñas al mundo del surf para competir con el diseño de doble aleta que el surfista profesional australiano y 4x campeón del mundo, Mark Richards había diseñado con el hawaiano Reno Abellera y estaba ganando todos los concursos.

Foo y Willis comenzaron a trabajar en diseños de 3 aletas para olas grandes que resultaron ser un gran avance para las tablas de surf de olas grandes en ese momento.

Mark Foo fue el primero en montar una tabla de surf de 3 aletas en olas de más de 25 pies, 50 pies para los estándares actuales.

Hasta este momento, Foo era conocido principalmente como un surfista de olas pequeñas y ahora era una estrella en ascenso que se dirigía hacia la cima del orden jerárquico de las olas grandes con otros surfistas de olas grandes como James Booby Jones, Ken Bradshaw, Ace Cool y Peter Cole.

Foo se hizo conocido como uno de los surfistas de olas grandes más valientes y hábiles del mundo.

Con el tiempo, Waimea Bay ya no era el único juego en la ciudad para el surf de olas grandes.

Foo fue uno de los primeros en "perseguir" grandes olas extremas volando a Maverick's en California, Todos Santos en México y Pico Alto en Perú. La revista Surfing publicó una página central de Foo surfing en una forma de Milton Willis en el enorme Todos Santos.

Mark Foo era un pistolero con el tipo de pistola que surfea grandes olas, tiene armas viajarán ... por dinero.

Trágicamente, sin embargo, el 23 de diciembre de 1994, Mark Foo perdió la vida surfeando olas de tamaño medio en Mavericks en Half Moon Bay.

Las eliminaciones asesinas son un precio increíble para obtener su dosis.

Si bien uno pensaría que ver a uno de los mejores surfistas de olas grandes del mundo perder la vida

surfeando desviaría a otros de asumir el desafío del surf
de olas grandes, ha sido todo lo contrario.

El surf de olas grandes es más popular que nunca.
Parece que hoy en día todo el mundo, incluyendo a su
hermano, hermana, hija e hijo quiere convertirse en un
surfista de olas grandes. Y si no quieren ser un surfista
de olas grandes, entonces quieren ver a los surfistas de
olas grandes actuar.

Mark Foo era exitoso, carismático, guapo e inteligente.
Era el líder perfecto para promover el surf de olas
grandes.

Foo tanto como cualquiera antes o después de él ha
jugado un papel fundamental en el desarrollo del surf de
olas grandes.

Mark Foo puede ser acreditado con ser el augur del Surf
extremo de olas grandes.

Chapter 11

Surfing Big Waves to Extreme Big Waves

BEGINNING OF THE TOW SURFING ERA

"Surfing is almost a way to fly."
~Jeff Hackman

A finales de la década de 1990 marcó un punto de inflexión en el surf de olas grandes con el advenimiento del tow surfing.

El tow surfing, también conocido como surf "tow-in", es una técnica en la que un surfista es remolcado a una ola por una moto acuática u otra moto acuática motorizada, lo que les permite atrapar olas que son demasiado grandes y demasiado rápidas para remar. El tow surf abrió las puertas al surf Ola grande extrema.

Los orígenes del tow surf moderno se remontan al surfista hawaiano de olas grandes Buzzy Kerbox y su amigo y compañero de remolque, Laird Hamilton.

A mediados de la década de 1990, Kerbox y Hamilton comenzaron a experimentar con el uso de un zodiac motorizado para remolcarse mutuamente a finales de invierno y principios de primavera.

Mientras que Sunset Beach y otros lugares de olas grandes estaban llenos de surfistas, más allá de Kerbox y Hamilton tenían los arrecifes exteriores para ellos solos.

Fue Buzzy Kerbox y su zodiaco los que iniciaron el movimiento moderno de tow surfing.

Después de ver a Kerbox y Hamilton surfear por remolque, Milton Willis y Ken Bradshaw fueron los primeros en probar motos acuáticas de alta potencia en North Shore.

Durante este tiempo no hubo regulaciones oficiales o programas de capacitación establecidos. Milton tuvo que desarrollar sus propias técnicas de remolque y rescate que todavía se utilizan hoy en día.

Al principio, el tow surf fue resistido entre la mayoría de los surfistas de olas grandes. Bajo la tutoría de Milton Willis, surfistas de olas grandes como Cheyne Horan, Tony Ray y Ross Clark-Jones y otros comenzaron a abrazar y practicar el remolque en el surf.

Pasarían de 4 a 5 años antes de que el tow surf se convirtiera en la norma estándar para el surf extremo de olas grandes.

Durante los años nacientes del tow surfing, los arrecifes exteriores estaban abiertos y vacíos.

Los únicos equipos de remolque que surfeaban regularmente los arrecifes exteriores en la costa norte eran Milton Willis y Cheyne Horan, Michael Willis y Robbie Page, Ken Bradshaw y Dan Moore, Ace Cool y Ron Barren, y Laird Hamilton y Derrick Doerner que salían ocasionalmente, pero en su mayoría se concentraban en un lugar en Maui llamado Tiburón.

Como cualquier nuevo esfuerzo, el tow surfing fue todo prueba y error.

1.   ¿Qué tan grande o pequeña debe ser la tabla de surf para un rendimiento óptimo?
2.   ¿Funcionaría mejor una tabla de surf con peso?

3.   ¿Debería haber correas para bloquear los pies de un surfista, o no?

Y equipo de seguridad... No hubo ninguno.

No hay chaleco de seguridad para emplear en caso de que surjan problemas ni trineos de seguridad para recoger a un surfista de manera rápida y eficiente después de un viaje.

Una de las primeras salidas de los hermanos Willis casi terminó en desastre.

En una fresca y fresca madrugada, Milton y Michael estaban haciendo surf de remolque con Laird Hamilton y Derrick Doerner en olas estimadas por los estándares actuales tan grandes como 50 a 60 pies más. Waimea Bay fue cerrado y, a excepción de estos dos equipos, nadie más salió ese día.

Poderosas olas estaban estallando hasta donde los ojos podían ver. Las olas se acercaban a intervalos de aproximadamente 25 segundos. Olas grandes extremas sin parar, una tras otra, entrando a vapor. Hamilton y Doerner pudieron salir sanos y salvos. Los hermanos Willis no fueron tan afortunados.

Después de salir a lo que parecía una milla o más, los hermanos estaban a menos de 500 yardas de salir a salvo. Milton estaba remolcando a Michael cuando una ola monstruosa explotó justo en frente de ellos.

Milton enganchó abruptamente la moto acuática y la disparó a la orilla y a un lugar seguro.

Desafortunadamente para Michael, cuando Milton giró bruscamente la moto acuática, lo hizo de tal manera que la cuerda de remolque se aflojó y Michael no tuvo más remedio que ir propenso. Cuando Milton pisó el acelerador a toda máquina, la cuerda de remolque se sacudió con fuerza, y fue todo lo que Michael pudo hacer más que aferrarse a la vida.

Al principio, parecía que serían capaces de superar la ola monstruosa que los perseguía. El único problema... Milton estaba corriendo tan rápido que Michael ahora rebotaba violentamente 5 pies en el aire y golpeaba con fuerza como una piedra que salta.

No queriendo frenar a Milton y sabiendo que sería derrotado en cualquier momento, Michael soltó la cuerda. Lo último que Michael vio antes de darse la vuelta para enfrentar la música fue que Milton iba a 40 millas por hora tan rápido como podía hasta la orilla.

A pesar de años de entrenamiento de olas grandes, Michael nunca antes había estado tan lejos en olas tan grandes. En este punto, todo lo que podía hacer era enfrentar la ola y sumergirse lo más profundo posible antes de ser impactado, lo que hizo.

Es una sensación espeluznante estar solo a media milla o más en aguas oscuras y profundas donde están las cosas salvajes y escuchar olas de 50 pies retumbando en lo alto con más como él entrando justo detrás.

Michael pensó que estaba preparado para lo que vendría después. Tenía que seguir un procedimiento de desastre de olas grandes. Primero se zambullía con los pies, manteniendo los ojos bien abiertos en busca de burbujas que fueran hacia la orilla para agarrarse, para mantenerse presente, mantener la calma y seguir orando.

En el momento perfecto, Michael Willis fue capaz de negociar la primera ola. A pesar de la explosiva paliza, sorprendentemente la correa de la tabla de surf que Michael estaba usando no se rompió. Pero ahora se estiraba a una correa de 30 pies del diámetro de una cuerda delgada.

Michael abandonó la correa y abandonó su tabla de surf empujándola hacia un lado justo antes de sumergirse bajo la siguiente gran ola.

Al volver a la superficie, Michael tuvo que despejar un espacio a través de la gruesa capa de espuma de mar de hasta seis pies de espesor para obtener una valiosa bocanada de aire que salva vidas antes de volver a sumergirse justo antes de que la siguiente ola detonara.

Michael mantuvo los ojos abiertos bajo el agua buscando las burbujas turbulentas que lo llevarían a la orilla.

Toda la prueba de bucear, ser arrastrado, repavimentar, limpiar las capas de espuma de mar, una y otra vez le tomaría a Michael aproximadamente 45 minutos para regresar a la orilla la mitad del tiempo nadando y la mitad siendo arrastrado por las olas.

De vuelta en la playa, había una mujer alarmada en el teléfono con la Guardia Costera pidiendo ayuda. Había visto la tabla de surf de Michael arrastrada a la playa sin nadador a la vista. Tanto la mujer como Milton habían estado buscando frenéticamente a Michael y estaban agradecidos con Dios cuando vieron que había regresado a la orilla a salvo.

A pesar de la gravedad de la situación, Hamilton y Doerner habían seguido surfeando.

Más tarde, Doerner relató que él y Hamilton habían estado buscando a Michael en el exterior. Doerner agregó que si eso vuelve a suceder, lo mejor es nadar otro cuarto de milla a través de las olas masivas hasta el océano abierto.

A decir verdad, habría sido humanamente imposible hacer eso para nadie, incluso para el gran Laird Hamilton.

Desde aquellos primeros tiempos, el remolque en el surf ha avanzado a pasos agigantados. El equipo de seguridad ha evolucionado para incluir chalecos inflables, trineos de seguridad y nuevas técnicas de rescate que ayudan a que el tow surf sea lo más seguro posible.

También ayuda saber que la mayoría de las veces hoy en día habrá múltiples equipos de remolque para ayudar a cuidarse unos a otros.

Estos fueron los días del primer tow surfing, puro e inexplorado. Hoy la carretera ha sido trazada y pavimentada. Estos surfistas de olas grandes Buzzy Kerbox, Laird Hamilton, Ken Bradshaw, Milton Willis, Michael Willis y Ace Cool son acreditados por ser pioneros en el surf de remolque extremo grande. Hecho.

Chapter 12

Big Wave Surfing
NOW, MIND/BODY, BODY/MIND UNIFICATION

"Fear causes hesitation and hesitation will cause your worst fears to come true."

~Patrick Swayze

Montar una ola de 100 pies no es para los débiles de corazón.

Requiere 100% de compromiso, fortaleza mental sobrenatural y resistencia física suprema.

El cuerpo funciona mejor cuando trabaja con la mente y la mente funciona mejor cuando trabaja con el cuerpo. Esto se llama unificación de mente y cuerpo.

Hay muchos tipos diferentes de entrenamiento que los surfistas utilizan para preparar sus cuerpos y mentes para surfear grandes olas.

<u>Entrenamiento Físico</u> -

Los surfistas de olas grandes necesitan estar en óptimas condiciones físicas para surfear olas que puedan alcanzar alturas de 100 pies o más. Deben tener músculos centrales fuertes para mantener el equilibrio y la estabilidad en sus tablas, poderosos músculos de las piernas para generar velocidad y control, y una excelente aptitud cardiovascular para soportar el esfuerzo físico de remar y montar las olas.

Muchos surfistas de olas grandes participan en una variedad de actividades de entrenamiento físico para prepararse para los desafíos de surfear olas masivas. Estos incluyen levantamiento de pesas, natación, correr, yoga y otras formas de ejercicio que mejoran la fuerza, la flexibilidad y la resistencia.

Hay surfistas a los que les gusta usar el gimnasio o emplear entrenamientos especialmente diseñados para el entrenamiento de fuerza y respiración.

La forma más natural y común en que los surfistas entrenan para olas grandes es la natación, la carrera, el remo y el buceo libre.

Los surfistas más serios llevan su gimnasio bajo el agua para practicar buceo libre en el fondo del océano recogiendo una roca pesada y corriendo con ella.

Hay dos pensamientos sobre esto. Una es que al contener la respiración y correr bajo el agua con una roca pesada, la resistencia y la resistencia aumentan mejor preparando a un surfista para largas retenciones después de malas eliminaciones.

El otro pensamiento es que es mejor sumergirse y relajarse el mayor tiempo posible con el objetivo de ralentizar el corazón y la mente, lo que hace que sea más fácil permanecer sumergido por más tiempo al mantenerse relajado física y mentalmente.

<u>Entrenamiento mental</u> -

Surfear olas grandes es una actividad peligrosa, de alto riesgo e impredecible y los surfistas deben estar mentalmente preparados para manejar cualquier desafío que se les presente.

Además del entrenamiento físico, los surfistas de olas grandes también deben entrenar sus mentes para mantenerse enfocados y mantener la calma bajo presión extrema.

Esto puede implicar ejercicios de visualización, meditación, técnicas de respiración y otras prácticas de entrenamiento mental que ayudan a los surfistas a manejar su miedo, ansiedad y estrés durante situaciones extremadamente precarias.

La mente de un surfista de olas grandes tiene que ser 100% positiva. No puede haber lugar a dudas. La confianza es el mejor amigo de un surfista de olas grandes; La duda es su peor enemigo.

Nunca podré hacerlo, o lo haré, siempre lo *estoy* haciendo sin importar cuáles sean las probabilidades.

Es un compromiso total de todo corazón 100% "*Ir Ir Ir*".

Para trabajar de manera óptima, el cuerpo y la mente deben estar relajados y en armonía. Hay una técnica que los surfistas de olas grandes altamente conscientes han aprendido a coordinar su mente y su cuerpo.

En términos generales, cuando la mente se pone tensa debido a la situación, el cuerpo también se pondrá tenso. El truco es cuando sientas que tu mente se tensa, trata de relajar tu cuerpo, incluso si es solo tu dedo de bebé y, a medida que tu cuerpo se relaja, tu mente también lo hará.

Relaja la mente para tener un cuerpo relajado.

Relaja el cuerpo para tener una mente relajada.

<u>**Entrenamiento espiritual**</u> -

Muchos surfistas de olas grandes describen el surf como una experiencia espiritual, una que los unifica en algo más grande que ellos mismos y les ayuda a sentirse más vivos y presentes en el momento.

Los surfistas de olas grandes deben mantenerse conectados con el océano y las olas que están montando en un nivel espiritual.

Esto puede implicar desarrollar un profundo respeto y reverencia por el mundo natural y cultivar un sentido de humildad y gratitud por la oportunidad de surfear olas tan magníficas.

Al cultivar una conexión espiritual con el océano y las olas, los surfistas pueden aprovechar una fuente más profunda de fuerza e inspiración que puede ayudarlos a superar incluso los desafíos más desalentadores.

Las técnicas de entrenamiento anteriores son una parte esencial de la preparación para surfear grandes olas. Los surfistas de olas grandes deben entrenar sus cuerpos, mentes y espíritus para manejar las demandas físicas, mentales y espirituales del deporte. Al hacerlo, pueden aumentar sus posibilidades de éxito y desarrollar una apreciación más profunda de la belleza y el poder del océano.

En el AHORA –

El último elemento crucial para el surf de olas grandes es la capacidad de un individuo para estar en *el AHORA,* el cuarto reino del entrenamiento. Al despegar en una gran ola, un surfista no puede darse el lujo de pensar en nada excepto en el momento presente y luego lidiar con él tal como se presenta.

Es en este momento *AHORA* que los humanos se sienten más vivos y operan de la mejor manera.

Muchos surfistas describen el surf de olas grandes como una experiencia sensual o metafísica más allá de una que es física o mental, una que los conecta con algo más grande que ellos mismos que les ayuda a sentirse más vivos y presentes en el momento. Un verdadero sentido de pertenencia a algo mucho más grande que la ola, el poder detrás de la ola.

Uno no tiene que ser un surfista de olas grandes para entender los beneficios ilimitados de vivir al cien por cien en el momento presente.

Todo sucede en el *AHORA.* Cuando nos acercamos a la vida con un compromiso sincero, lidiando con ella en el *AHORA,* nuestras posibilidades de éxito en cualquier esfuerzo aumentan significativamente.

Big Wave Surfing
INTREPID WAHINE's

"Being creative on a wave is
challenging, but we each create
art in our own way."
~Bethany Hamilton

El surf de olas grandes alguna vez se consideró un deporte dominado por hombres, pero a lo largo de los años, las mujeres han roto barreras y demostrado su habilidad y valentía en las olas más grandes del planeta. En este capítulo, echaremos un vistazo más de cerca a algunas de las mejores surfistas de olas grandes del pasado y del presente y sus logros.

Es importante recordar que las mujeres se han destacado en el surf de olas grandes desde el principio. En la antigua Hawái, las mujeres surfistas eran consideradas iguales a los surfistas masculinos y eran muy respetadas por sus habilidades de surf. De hecho, el surf era un deporte popular entre hombres y mujeres en la antigua Hawái, y no era raro que las mujeres surfearan junto a los hombres.

Hay muchas historias y leyendas en toda la cultura hawaiana que destacan la habilidad y la valentía de las surfistas. Por ejemplo, existe la leyenda sobre una princesa hawaiana llamada Kelea que era una surfista experta y viajaba de isla en isla para surfear las mejores olas.

Otra leyenda cuenta la historia de una mujer llamada La'ieikawai que surfeó una ola masiva y fue llevada tierra adentro por la fuerza de la ola.

En la antigua Hawái, el surf no era solo un deporte, sino también una forma de vida y un medio para conectarse con el océano y el mundo espiritual. Las mujeres surfistas eran respetadas por su conexión con el océano y su capacidad para montar las olas con gracia y habilidad.

En general, en la antigua Hawái, el surf era una parte importante de su cultura, practicada tanto por hombres como por mujeres. Las mujeres fueron celebradas por sus habilidades de surf como debe ser.

"Banzai Betty" -

Betty Depolito, originaria de Florida, tal vez sea la primera mujer en enfocarse seriamente en surfear olas grandes. Su apodo era "Banzai Betty" ganado por sus destacadas actuaciones en el surf salvaje y peligroso en Pipeline en la costa norte de Oʻahu.

Depolito también empujó los límites del surf femenino al montar regularmente grandes olas en Sunset Beach, así como en la enorme bahía de Waimea. Durante muchos años, Depolito sería la única mujer que cargaba en una alineación dominada por hombres.

El primer concurso de surf de olas grandes celebrado exclusivamente para mujeres fue fundado en 2010 por la única "Banzai Betty" Depolito.

Depolito estableció el concurso Femenino Waimea Bay Campeonato Ola Grande específicamente para mujeres que se llevará a cabo en algunas de las olas más grandes y peligrosas del mundo.

El concurso de surf de olas grandes de Depolito rinde homenaje a las poderosas mujeres librepensadoras que han trabajado incansablemente para abrir puertas previamente cerradas.

Las mujeres pueden tener un día en el que realmente pueden resaltar y mostrar sus habilidades y habilidades en condiciones de surf pesado.

Hoy en día, el concurso se llama "Reina de la Bahía" y, de hecho, las chicas más jóvenes interesadas en el surf de olas grandes ahora tienen algo a lo que pueden aspirar a convertirse algún día, en la Reina de las grandes olas.

Es seguro decir que "Banzai Betty" Depolito abrió la puerta a muchas surfistas de olas grandes y hoy en día se puede ver a las mujeres surfeando junto a los hombres en la ola más grande.

Emi Erickson -

Emi Erickson es una habitual en las grandes olas, especialmente en Waimea Bay y Sunset Beach en Hawái, su base de operaciones. Aprendió de los mejores, su padre Rodger Erickson, un legendario surfista de olas grandes de su época.

Emi es una surfista consumada y elegante que llama la atención con sus actuaciones de olas grandes que destacan el atletismo femenino en su máxima expresión.

Maya Gabeira -

Maya Gabeira, originaria de Brasil, es la mujer surfista que ostenta el actual libro Guinness del récord mundial por la ola más grande jamás surfeada. En 2018, montó una ola masiva de 68 pies en Nazaré Portugal, rompiendo su propio récord anterior de 62 pies.

Gabeira es la primera mujer conocida en surfear Nazaré en 2011 y continúa empujando los límites del surf de olas grandes para las mujeres.

Cabe señalar que Gabeira es también uno de los surfistas profesionales mejor pagados del mundo.

Paige Alms -

Paige Alms nació en Canadá. Pero como el destino había crecido en Hawái. Se le atribuye estar entre las primeras mujeres surfistas en cobrar algunas de las olas más grandes en Tiburón, también conocido como Pe'ahi Maui.

Tiburón está en la parte superior de la lista cuando se trata de peligrosos lugares de surf de olas grandes y presenciar a Alms enfrentándose a estas olas extremadamente grandes es nada menos que espectacular.

Alms ha ganado múltiples premios Ola Grande, incluido el premio al Mejor Desempeño General de la Mujer en 2016 y nuevamente en 2017. Uno no puede evitar quedar impresionado al ver a esta hermosa dama compitiendo codo con codo con los chicos por las olas más grandes del mundo.

Justine Dupont -

Una de las mejores surfistas de olas grandes de hoy en día es Justine Dupont, una surfista francesa que ha estado surfeando olas grandes desde que era solo una adolescente.

En 2013, Dupont se convirtió en la primera mujer en surfear olas de más de 50 pies en Belharra, en el País Vasco del Norte de Francia. En 2020, ganó el prestigioso primer Nazaré Tow-In Challenge e hizo historia una vez más en 2021 al convertirse en la primera mujer en surfear una ola estimada de más de 70 pies en Nazaré, Portugal.

Dupont ha roto repetidamente muchas barreras al surfear las olas más grandes del mundo por cualquier hombre o mujer.

Bethany Hamilton -

Bethany Hamilton de la isla de Kaua'i, que perdió su brazo en un ataque de tiburón a los 13 años de edad, puede ser quizás la surfista de olas grandes más inspiradora de todas, hombre o mujer. Bethany ha surfeado enormes olas en Tiburón, también conocido como Pe'ahi, ha remado en feroces olas en Pipeline y se ha enzarzado con un solo brazo. Muchos surfistas con dos brazos encontrarían las olas que monta Bethany más que desafiantes. Un gran respeto "Hoihi" para la chica de Kaua'i, una inspiración de fuerza interior y belleza para superar obstáculos y desafíos difíciles. Ella le da crédito a Dios.

"Banzai Betty" Depolito, Maya Gabeira, Justine Dupont, **Bethany Hamilton** y muchas otras destacadas jinetes de olas grandes han recorrido un largo camino demostrando que el género no es una barrera para montar las olas más grandes del mundo. Han empujado los límites de lo que es posible y han inspirado a una nueva generación de surfistas femeninas a seguir sus pasos. GRAN RESPETO.

North Shore of Oahu Surfboard Craftsman
THE 'GO-TO MAN' ED SEARFOSS

*"The three most important things
in life...Surf, Surf, Surf."*
~Jack O'Neill

En el mundo del surf, quizás nadie ha acristalado más tablas de surf de olas grandes que Ed Searfoss.

Searfoss ha estado acristalando tablas de surf grandes y pequeñas en la costa norte de O'ahu durante 50 años y se considera el "chico al que acudir" cuando una tabla de surf necesita ser acristalada literalmente durante la noche para un próximo gran oleaje o un importante concurso de surf.

Entre mediados de la década de 1980 y el año 2000, las tablas de surf de los hermanos Willis dominaron en la costa norte, especialmente en Sunset Beach, Pipeline y Waimea Bay. Ed Searfoss es el principal responsable de acristalar el 90% de las tablas de surf que los hermanos Willis estaban moldeando durante este período de tiempo.

La lista de surfistas que han confiado en los hermanos Willis para dar forma y Ed Searfoss para acristalar sus tablas de surf se lee como un Quién es Quién con surfistas legendarios como Mark Foo, Titus Kinimaka, Ace Cool, Liam McNamara, Garrett McNamara, Jason Magers, Andy y Bruce Irons, y muchos más.

Además de acristalar algunos de los mejores cañones de olas grandes jamás creados, Searfoss fue fundamental para ayudar a diseñar las tablas de surf de remolque para olas extremadamente grandes.

Cuando se trataba de experimentar con el peso, Searfoss remarcaba áreas específicas en la cubierta de la tabla de surf y la llenaba de nuevo con una cantidad cuidadosamente ponderada de BB's y luego la volvía a sellar. Una tabla de surf de remolque de los hermanos Willis acristalada por Searfoss con BB adicionales para el peso se usó en 1998 durante el "Miércoles más grande" y ahora se encuentra en California en el museo de surf de Oceanside.

Searfoss, un hombre práctico, siempre tuvo una solución a cualquier problema que surgiera al acristalar una tabla de surf. Si el balancín de una tabla de surf era demasiado o no era suficiente, simplemente le ponía un ladrillo o dos durante la laminación, reduciendo o aumentando el balancín a su discernimiento. No hay nada que Ed Searfoss no pueda hacer cuando se trata de tablas de surf de vidrio.

No se puede decir lo suficiente sobre Ed Searfoss por sus importantes contribuciones al surf, especialmente el surf de olas grandes y el hecho de que ha avivado y continúa avivando a miles de surfistas con su trabajo de vidrio.

RESPETO legendario.

NOTABLE BIG WAVE SURFERS

> *"Land divides, Ocean connects."*
> ~Milton Willis

Los surfistas que montan grandes olas a menudo son impulsados por una combinación de factores, que incluyen desafíos personales, búsqueda de emociones y el deseo de superar los límites de lo que es posible. Montar olas grandes requiere un alto nivel de habilidad, experiencia, condición física, y muchos surfistas están motivados por el desafío de dominar este deporte difícil y peligroso.

Además del desafío personal, montar grandes olas también proporciona una intensa descarga de adrenalina. El gran tamaño y el poder de las olas pueden crear una experiencia emocionante y estimulante para los surfistas, y muchos buscan esta prisa como una forma de escapar del estrés y las presiones de la vida cotidiana.

Surfear olas grandes también es una forma para que los surfistas superen los límites de lo que es posible en el deporte. Al abordar olas más grandes y desafiantes, los surfistas empujan los límites de lo que se considera normal o incluso posible, y al hacerlo, pueden inspirar a otros a hacer lo mismo. Este impulso para innovar y explorar nuevas fronteras es el sello distintivo del surf de olas grandes hawaianas.

Para calificar como un surfista legítimo de olas grandes, las personas deben remar en olas de 20 pies o más y hacerlo. La siguiente lista de surfistas notables de olas grandes están legítimamente calificados.

No existe tal cosa como el doctorado para el surf de olas grandes, sin embargo, si existiera, estos tipos serían doctores muchas veces. Los surfistas legítimos de olas grandes conocen su tema por dentro y por fuera.... La vida depende de ello.

A hui hou…

Joseph "Scooter Boy" Kaopuiki HI –

Anciano pionero del surf de olas grandes conocido por su surf de alto rendimiento, creatividad y puro talento de hotdogging.

John Peck CA –

Anciano de la tubería conocido por ser uno de los primeros en viajar dentro del tubo como un pie de página regular. Expresa el surf como el arte de acción de montar una ola de energía, dejando solo una estela que desaparece detrás ...

Eddie Aikau - nativo Hawaiano

Legendario surfista de primer orden que dio su vida para salvar a otros. Icónico Surfista de Olas Grandes, primer salvavidas en la costa norte de Oʻahu.

Clyde Aikau - nativo Hawaiano

El hermano menor del legendario surfista de olas grandes Eddie Aikau, Icónico Surfista de Olas Grandes y ganador del prestigioso Eddie Aikau Concurso Ola Grande.

Butch Van Artsdalen CA –

Apodado el primer "Sr. Pipeline" por estar entre los primeros en surfear realmente Pipeline. Conocido por su intrépido surf en las olas más grandes y retorcidas de la costa norte de O'ahu.

Bethany Hamilton HI -

Reconocida mundialmente por sus habilidades de surf, coraje y se encuentra entre las surfistas más notables del mundo. Bethany ha aparecido en películas, documentales, revistas, libros y es una poderosa oradora motivacional.

Buzzy Kerbox HI -

Experto surfista de olas grandes, fundador del moderno movimiento de tow surf, súper modelo para Ralph Lauren.

Laird Hamilton HI –

Experto por excelencia surfista de olas grandes pionero del remolque en el surf hijastro del legendario surfista Billy Hamilton.

Garrett McNamara HI –

Experto surfista de olas grandes reconocido por ser el primero en surfear grandes nazarés en Portugal y tenía el libro Guinness del récord mundial de surfear las olas más grandes.

Roger Erickson HI -

Respetado surfista de olas grandes. Padre de la experta en surf de olas grandes Emi Erickson.

Adam Salvio HI -

Waimea Bay, Pipeline, experto surfista de olas grandes. Conocido por sus valientes sesiones en solitario en enormes olas.

Mike Doyle CA –

Pionero temprano del surf de olas grandes. Primero en construir una tabla de surf blanda.

L.J. Richards CA –

Campeón pionero del surf de olas grandes.

Titus Kinimaka HI –

Campeón experto surfista de olas grandes, Living Legend, voz del músico hawaiano.

Cheyne Horan AUS -

Campeón del mundo surfista profesional, surfista de olas grandes conocido por surfear "Código Negro" Miércoles más grande 28 de enero de 1998, gran innovador de tablas de surf.

Mickey "Mongoose" Munoz CA –

Conocido como uno de los primeros surfistas en surfear en North Shore y la gran bahía de Waimea.

Felipe Pomar PE -

Experto surfista pionero de olas grandes de Perú, primer surfista campeón mundial reconocido, reconocido por surfear dos tsunamis.

Carlos Burle BR -

Dos veces campeón mundial de olas gigantes, fue pionero en el surf de remolque después de estudiar a los hermanos Willis el 28/01/89.

Jojo Roper CA –

Experto surfista de olas grandes conocido por surfear enormes Todos Santos México e hijo del legendario surfista Joe Roper.

Jamilah Star CA –

Experto surfista de olas grandes reconocido por el paddle surf XXL Waimea Bay, Jaws y Mavericks.

Johnny Boy Gomes HI –

Famoso por surfear enormes Waimea y Pipeline con imprudente abandono y poder.

Reno Abellira HI –

Reconocido por surfear el oleaje de 1974, Waimea Bay.

Jose Angel HI -

Surfista intrépido descrito por su compañero pionero de las olas grandes Greg Noll como "el surfista más valiente que jamás haya existido".

Greg Noll CA/HI –

Un pionero estadounidense del surf de olas grandes y un prominente shaper de longboard. Apodado "El Toro".

David Kalama HI –

Hijo de la gran surfista Ilima Kalama. Experto surfista de olas grandes conocido por surfear grandes mandíbulas en Maui y ayudar a ser pionero en el surf.

Ron Barron HI -

Surfista de olas grandes, surfista de remolque, remero de larga distancia y aguador respetado en todos los sentidos. El compañero de surf de Ace Cool.

Noah Johnson –

Experto jinete de olas grandes de la Isla Grande de Hawái, ganador del concurso Quiksilver in Memoria de Eddie Aikau 1999 en Waimea Bay.

Peter Mel CA -

Experto surfista de olas grandes, superestrella de Maverick, comentarista de medios de surf, invitado al concurso de surf de olas grandes de Aikau.

Tony Roy HI –

Experto surfista de olas grandes conocido por surfear arrecifes exteriores.

Tom Nellis HI –

Experto en surf de olas grandes y maestro shaper de tablas de surf.

Barry Kanaiapuni HI –

Experto surfista de olas grandes, shaper, "El surf comienza a 6 pies".

Jeff Clark CA –

Reconocido como el primer surfista de olas grandes en surfear Mavericks CA e introducir Mavericks al mundo.

Ted Schmidt HI –

Experto surfista de olas grandes acreditado con el surf "Código Negro"

Randy Rarrick HI -

Experto surfista, shaper, promotor de surf, coleccionista de tablas de surf, viajero del mundo, portavoz del surf.

Liam McNamara HI -

Pipeline Maestro experto en tube rider, uno de los primeros surfistas en hacer aires.

Scott Channy Chandler CA -

Experto surfista de olas grandes, destaca en Hawái, California y Todos Santos, el primer remolque de Garrett McNamara en socio para Cortez Banks, experto shaper de tablas de surf, verdadero héroe.

Joel Vigiano NY -

Experto surfista de olas grandes de Nueva York, acreditado con el surf de Waimea a 25 pies en una tabla de surf de 7'4 "(50 pies para los estándares actuales).

Takao Kuga JPN -

Cinco veces campeón de la Asociación Japonesa de Surf Profesional (1982, 1984–87). Experto Surfista de Olas Grandes, invitado al Concurso de Surf de Olas Grandes de Eddie Aikau.

Ritchie Schmidt CA -

Experto surfista de olas grandes, Stand out en Hawái y California, salvavidas, entrenador de surf, invitado al concurso de olas grandes Aikau.

Dennis Pang HI -

Experto surfista de olas grandes, extraordinario modelador de tablas de surf y un buen hombre.

Jorge Paccelli BR -

Experto surfista de olas grandes, conocido por sus excelentes actuaciones en el tercer Reef Pipeline.

Andy St. Onge HI -

Experto en surf de olas grandes North Shore Oʻahu. Conocido por montar grandes tablas de surf en grandes olas.

Clark Abbey - HI

Experto en surf de olas grandes, campeón hawaiano y un buen hombre.

Makua Rothman HI -

Experto surfista de olas grandes conocido por surfear olas estimadas 60 pies en Tiburón, **también conocido como Pe'ahi Maui, músico popular.**

Robbie Page AUS -

Experto surfista de olas grandes, Waimea, Sunset Beach y Pipeline, ganador del concurso de surf Pipeline Maestro en Hawái y la estrella en las películas North Shore y Rolling Thunder.

Tony Moniz HI -

Experto surfista de olas grandes, campeón hawaiano, hombre de Dios.

Mike Parsons CA –

El experto surfista de olas grandes fue pionero en el enorme Cortez Banks, ganador del premio K2 Ola Grande de $50,000 y ex poseedor del libro Guinness de Récords mundiales por la ola más grande jamás surfeada.

Peter Davi CA –

Conocido como el príncipe de las grandes olas, reconocido por surfear enormes olas en Waimea Bay, Pipeline y California.

Jaime Sterling HI -

Experto surfista de olas grandes, hijo del destacado surfista Doug Sterling.

Ivan Trent HI -

Destaca el experto en surf de olas grandes, Waimea Bay, sello marino, hijo del legendario surfista de olas grandes Buzzy Trent.

Betty Depolito HI -

Pionero del surf de olas grandes para mujeres, fundador del concurso de surf de olas grandes para mujeres Reina de la Bahía.

Pat Curren CA/HI -

Legendario pionero del surf de olas grandes, padre del campeón mundial de surf Tom Curren, pionero de las armas de olas grandes y rompedor de maldiciones original en Waimea Bay.

Chris Owens HI -

Experto surfista de olas grandes, remero de maratón.

Jaime O'Brian HI -

Surfista experto, primero en ser reconocido por rasgar Pipeline en una tabla de surf suave, superestrella de YouTube.

Michael Ho, Derek Ho, Mason Ho, Coco Ho HI –

Expertos en surf de olas grandes, legendarios, ohana de surf, todos los mejores profesionales.

Kit Horn CA -

Pionero surfista de olas grandes conocido por surfear enormes olas de San Francisco debajo del puente Golden Gate.

Brian Keaulana HI -

Hijo del legendario Buffalo Keaulana, miembro del Salón de la Fama del Waterman de Hawái 2022, presentado en la película Guardianes de la Gran Ola 2022, experto surfista de olas grandes, salvavidas hawaiano, experto en seguridad oceánica.

Eric Hass HI -

Experto surfista de olas grandes conocido por surfear los días más grandes en solitario y despegar en las posiciones más críticas en las olas más grandes.

Derrick Doerner HI -

Experto en surf de olas grandes, salvavidas que dobló a Patrick Swayze en la película Point Break donde tomó los wipeouts.

Brock Little HI -

Experto surfista de olas grandes, doble de película

Greg Long CA -

Un surfista estadounidense ganó el Quiksilver Surf de Olas Grandes Invitacional en memoria de Eddie Aikau en Waimea Bay, el evento Red Bull Titans of Mavericks celebrado en Mavericks en el norte de California y el evento Red Bull Ola Grande Africa celebrado en Dungeons en Hout Bay, Sudáfrica.

Peter Cole HI -

Pionero del surf de olas grandes, nadador experto, matemático.

Billy Kemper HI -

Jaws aka Pe'ahi Maui se destacan, hombre de familia.

Gary Linden CA -

Experto surfista de olas grandes y maestro shaper de renombre mundial.

Charlie Walker HI -

Experto surfista de olas grandes, lijadora de tablas de surf consumada.

Shane Dorian HI -

Experto surfista de olas grandes, estrella de cine 'En las manos de Dios'.

Herbie Fletcher, Nathen Fletcher, Christian Fletcher, Walter Hoffman, Flippy Hoffman, Marty Hoffman, Joyce Hoffman CA/HI -

Expertos en surf y surf de la dinastía Ohana.

Greg Russ HI/TX –

Hardcore experto en surf de olas grandes especializado en gnarly surf de olas grandes tube rider.

Thierry Vieilledent FR -

Experto en surf de olas grandes, modelador de tablas de surf, leyenda del surf europeo.

James Jones HI -

Experto en surf de olas grandes, caballero y primer surfista en ser grabado en Waimea Bay, experto shaper.

Ken Bradshaw HI -

Experto surfista de olas grandes, experto shaper de tablas de surf, famoso por la icónica foto tomada por Hank Fotos el 28 de enero de 1998.

Craig Elmer "Owl" Chapman, Gary Chapman, Sam Hawk, and Dick Brewer HI -

Expertos surfistas de olas grandes, expertos shapers, principales contribuyentes de la tabla de surf moderna.

Kai Lenny HI -

Experto en surf de olas grandes, experto en olas grandes extremas, estrella de televisión, súper estrella del surf.

Luke Shepardson HI -

Experto en surf de olas grandes, salvavidas, ganador del prestigioso concurso de surf de olas grandes Eddie Aikau.

Ross Clark Jones AUS -

Experto en surf de olas grandes, experto en olas grandes extremas, conocido por Surfing Miércoles más Grande "Código Negro" el 28 de enero de 1998.

Dan Moore HI -

Experto en surf de olas grandes, Billabong XXL Global Ganador de Ola Grande - Outer Reef 2006, y premio en metálico de $50,000.

Don Curry CA -

Experto en surf de olas grandes, pionero del spot de surf de olas grandes Ghost Tree de Pebble Beach, Carmel California.

Brad Gerlach CA –

Ex surfista de rango profesional conocido por ser pionero en enormes bancos de Cortez en la costa de California.

Ed Guzman CA -

Experto en surf de olas grandes, entrenador de surf, pionero del spot de surf de olas grandes Ghost Tree.

Tony Ray AUS -

Experto en surf de olas grandes, conocido por surfear Miércoles más Grande "Código Negro" el 28 de enero de 1998.

Peter Townend "PT" AUS/CA –

Experto en surf de olas grandes, conocido por sus tablas de surf rosas y por ser el primer campeón mundial profesional de surf, dobló a William Katt en la película de Hollywood Miércoles más Grande.

Gerry Lopez – HI

Experto surfista de olas grandes conocido por surfear Pipeline extremo y estar entre los primeros en remolcar el enorme Jaws en Maui

Taylor Knox CA -

Experto en surf de olas grandes, primer libro Guinness de récords mundiales para la ola más grande jamás surfeada, ganador del concurso de olas grandes K2 de $50,000.

El Plata Surfer, El Mundo -

Dedicados a todos los surfistas que alguna vez han ido a surfear y no se tomaron una foto y no hicieron que nadie viera sus olas, salieron solos sin buscar fortuna o fama solo por la emoción de hacerlo.

"Si el árbol cae en el bosque y nadie lo ve, ¿cayó?"
Laird Hamilton

RENOWNED
BIG WAVE SURFING
PHOTOGRAPHERS

*"The art of capturing
life in motion."*
~Aaron Chang

Entre los fotógrafos de deportes de acción más hábiles del mundo hay que incluir fotógrafos de surf de olas grandes.

Ciertamente, algunas de las imágenes más emocionantes y espectaculares jamás capturadas en una película provienen del mundo del surf de olas grandes.

Los fotógrafos de surf de olas grandes son dedicados y altamente calificados en lo que hacen, a menudo arriesgando sus propias vidas al estar justo en la zona de peligro para obtener fotos de cerca de las olas más grandes del mundo y los surfistas que las montan.

Los fotógrafos que toman fotos de surf de olas grandes tienen que estar motivados por algo más que dinero para hacer lo que hacen. Económicamente tomar fotos de grandes olas es una forma difícil de ganarse la vida.

Los fotógrafos de olas grandes deben ser apasionados por lo que hacen. La verdadera recompensa viene en forma de legado histórico. Un viaje épico de todos los tiempos puede durar menos de 30 segundos, pero una imagen de ese viaje puede continuar indefinidamente.

La siguiente es una lista parcial de los mejores fotógrafos del mundo que han capturado visualmente las emociones, escalofríos y derrames del surf de olas grandes a lo largo de los años para que el mundo los vea en los años venideros. Gran respeto.

Bud Brown -

Uno de los primeros fotógrafos en documentar el surf de olas grandes en Pipeline, Sunset Beach y Waimea desde el principio.

Hank Fotos -

Conocido por arriesgarlo todo para obtener la foto. Hank tomó la foto histórica de Ken Bradshaw el 28/01/98.

Shirley Rogers –

Shirley Rogers una fotógrafa en la costa norte capturando a los mejores surfistas en las mejores olas desde principios de la década de 1970. Hermosa y exótica, Rogers también apareció frente a la cámara en televisión, en películas, libros y revistas.

Vince Cavataio -

Fotógrafo acuático conocido por filmar las olas más grandes y peligrosas de Hawái de cerca y con mujeres hermosas cuando el oleaje es plano.

Brian Bielman -

Fotógrafo galardonado con más de cuatro décadas de capturar imágenes de grandes olas en Hawái y en todo el mundo, sus imágenes han aparecido en más de 150 portadas y en publicaciones periódicas desde revistas de surf hasta Rolling Stone.

Dan Merkle -

Mejor conocido por la fotografía fija de alto impacto, fotógrafo acuático primario para la revista Surfing en los años 70.

Aaron Chang -

Fotógrafo galardonado, 25 años de fotógrafo senior de la revista Surfing especializado en surfear imágenes de arte oceánico fino.

Deniro Sato -

Fotógrafo acuático de Japón acreditado con más de 30 años de documentación de grandes olas en todo el mundo, incluida una famosa foto de Gerry López, donde se puede ver una cara hawaiana en la ola.

Alberto Sodre' -

Fotógrafo brasileño que capturó algunas de las mejores imágenes de la costa norte surfeando olas grandes, especialmente en la bahía de Waimea.

Warren Bolster -

Fotógrafo de surf y skateboarding acreditado con la captura de Alec Cooke, también conocido como Ace Cool, épica ola de 100 pies.

Tim Bonithon -

Conocido por filmar documentales de olas grandes, incluido el histórico Miércoles más Grande, 28 de enero de 1998.

Art Brewer -

Fotógrafo de fotógrafo que narra visualmente grandes olas en todo el mundo a partir de mediados de los años 60, ex editor de fotos de la revista Surfer.

Larry Haynes -

Respetado fotógrafo de olas grandes conocido por grabar a los mejores surfistas del mundo en las olas más peligrosas cerca del agua.

BIG WAVE SURFBOARDS & TOW-IN SURFBOARD DESIGN

"You don't go hunting Rhinos with a BB gun."
~Buzzy Trent

La principal diferencia entre una tabla de surf de cañón de olas grandes y una tabla de surf de remolque de ola grande es el volumen total y las tablas de surf de remolque están equipadas con correas de remolque.

Las tablas de surf de olas grandes están diseñadas para que los surfistas remen en olas grandes que se mueven rápidamente, a menudo huecas. Varias características de rendimiento incluyen:

- Longitud y anchura adicionales

- Aumento del volumen

- La flotación y la planificación de la superficie permiten el diseño para una capacidad óptima de remo requerida para alcanzar velocidades lo suficientemente rápidas como para atrapar grandes olas.

Aunque el acolchado es mayor maniobrabilidad se sacrifica. Los cañones de ola grande pueden ser difíciles de girar y controlar. El Rocker o curva inferior es de suma importancia. No hay suficiente balancín de entrada que obstaculice la capacidad de un cañón de ola grande para hacer ese último segundo y caídas extra pronunciadas. Demasiado balancín de entrada de nariz (proa) empujará el agua en una pistola de olas grandes, lo que dificultará la captura de olas grandes.

Las tablas de surf de olas grandes son generalmente planas a través del centro o curva muy baja para la velocidad. Los balancines de cola (popa) varían. Cuanto más baja sea la curva a través de la cola, más rápido irá la tabla de surf, pero de nuevo el sacrificio es la maniobrabilidad.

Por el contrario, las tablas de surf de remolque de ola grande podrían denominarse mini-pistolas, ya que se reducen a las versiones mínimas de la pistola de ola grande. Con la ayuda de una moto acuática, remar ya no es la primera prioridad. En cambio, la velocidad y la maniobrabilidad lo son.

Las tablas de surf de ola grande de remolque son varios pies más pequeñas que el cañón tradicional de olas grandes y muy estrechas y delgadas en comparación, lo que permite la máxima velocidad, control y maniobrabilidad.

Las tablas de surf de remolque también están equipadas con correas para los pies para ayudar al surfista a mantenerse unido a la tabla a las velocidades más altas y en las condiciones más duras y turbulentas, lo que permite al surfista usar sus pies para ayudar a dirigir y controlar la tabla de surf.

Las tablas de surf de olas grandes que los hermanos Willis montaron el 25 de enero de 1998, "Código Negro I" fueron las siguientes::

Milton Willis estaba surfeando un 10'6" x 21" x 3.5"

Acristalado en configuración de tres aletas (aletas de diseñador Tom A. Hawk)

Baldete de entrada medio con curva extra en la punta.

Peso aproximado 15 lbs.

Michael Willis estaba surfeando un 10' 0" x 20.75" x 3.25"

Acristalado en configuración de tres aletas (aletas de diseñador Tom A. Hawk)

Rockero medio.

Peso aproximado 14 lbs.

Aerógrafo por el australiano Paul Fullbrook.

Tablas de surf de remolque de olas grandes que los hermanos Willis surfearon el 28 de enero de 1998, "Código Negro II":

Primera sesión Cabañas exteriores de troncos:

Milton estaba surfeando un 7'2" x 17" x 2.25"

Equipado con correas para los pies.

Acristalado en configuración de tres aletas (aletas de diseñador Tom A. Hawk)

Aproximadamente 12 lbs.

Aerógrafo por el australiano Paul Fullbrook.

Segunda sesión Cabañas exteriores de troncos y JARDÍN DEL DIABLO:

Milton y Michael surfeó un 7'2" x 17.25" x 2.25"

Equipado con correas para los pies.

Acristalado en configuración de tres aletas (aletas de diseñador Tom A. Hawk)

Cámara y BBs añadidos.

Peso aproximado 15 lbs.

Chapter 18

HAWAIIAN WORDS & THEIR DEFINITIONS

"Ua Mau ke Ea o ka 'Āina i ka Pono
the life of the land is perpetuated
in righteousness."
~Hawaii State Motto

A hui hou…
Hasta que nos volvamos a encontrar

Aina…
Tierra

Akumai…
Inteligente

Alii…
Realeza

Aloha…
Amor, hola y adiós
literalmente la presencia de la respiración

Aloha ke Akua…
Dios es Amor

Amakua…
Guardianes familiares o antepasados que pueden
asumir la forma de animales, plantas u otras formas
que ocurren en la naturaleza.

E kipa mai…
Para invitar a alguien a visitar.

E komo mai…
Invitación para entrar en su casa.

Haole…

Sin aliento o una persona de herencia no hawaiana generalmente asociada con una persona blanca.

Hale...
Casa

Hanai...
Familia adoptiva

Hauoli...
Feliz

Hoihi...
Respeto

Hoku...
Estrella

Hooponopono...
Una práctica tradicional hawaiana de reconciliación y perdón.

Hui...
Un club o asociación

Hukilau...
Una forma de pesca inventada por los primeros hawaianos.

Ikaika...
Guerrero

Imua...
Un impulso hacia adelante

Kahuna...
Un hombre sabio/chamán, literalmente "el secreto"

Kai...
Océano

Kala...
Dinero

Kalohe...
Bribón

Kamaaina...
Nativo

Kanaka Maoli...
Indigenous person

Kane...
Hombre

Kapu...
Prohibido, fuera de los límites.

Kapuna...
Anciano

Lanikai...
Mar celestial

Laniakea...
Cielo inconmensurable

Lei...
Un collar de flores que simboliza el amor y la amistad

Mahalo...
Gracias!

Makai...
Lado del océano

Malahini...
Recién llegado

Malama...
Cuídate!

Mana...
Poder espiritual

Manini...
Pequeño o poco

Mano...
Tiburón

Mauka...

Ladera de la montaña

Mele...
Cantos, canciones o poemas, felices

Menehune...
Raza mitológica de los enanos

Moi moi...
Dormir

Nalu...
Ola

No ka oi...
Lo mejor

O'ahu...
El lugar de reunión

Ohana...
Familia

Ono...
Delicioso

Paumalu...
Tomado por sorpresa

Pau...
Terminado

Pau hanna...
Obra terminada

Pilau...
Hediondo

Pono...
Virtuoso

Puka...
Agujero

Pule...
Oración, bendición

Wahine...
Mujer

Welina...
Un saludo de afecto, similar a aloha

Wikiwiki...
Apurarse

Galería fotográfica y evidencia

Duke Paoa Kahanamoku

Equipo de Surfboard Hawai'i Little League

Milton primera fila, Michael segunda fila, John Price patrocinador del equipo, surfista y propietario / shaper de Surfboards Hawaii en la última fila.

Solana Beach, CA

Michael Willis

Sunset Surfboards

Encintas, CA

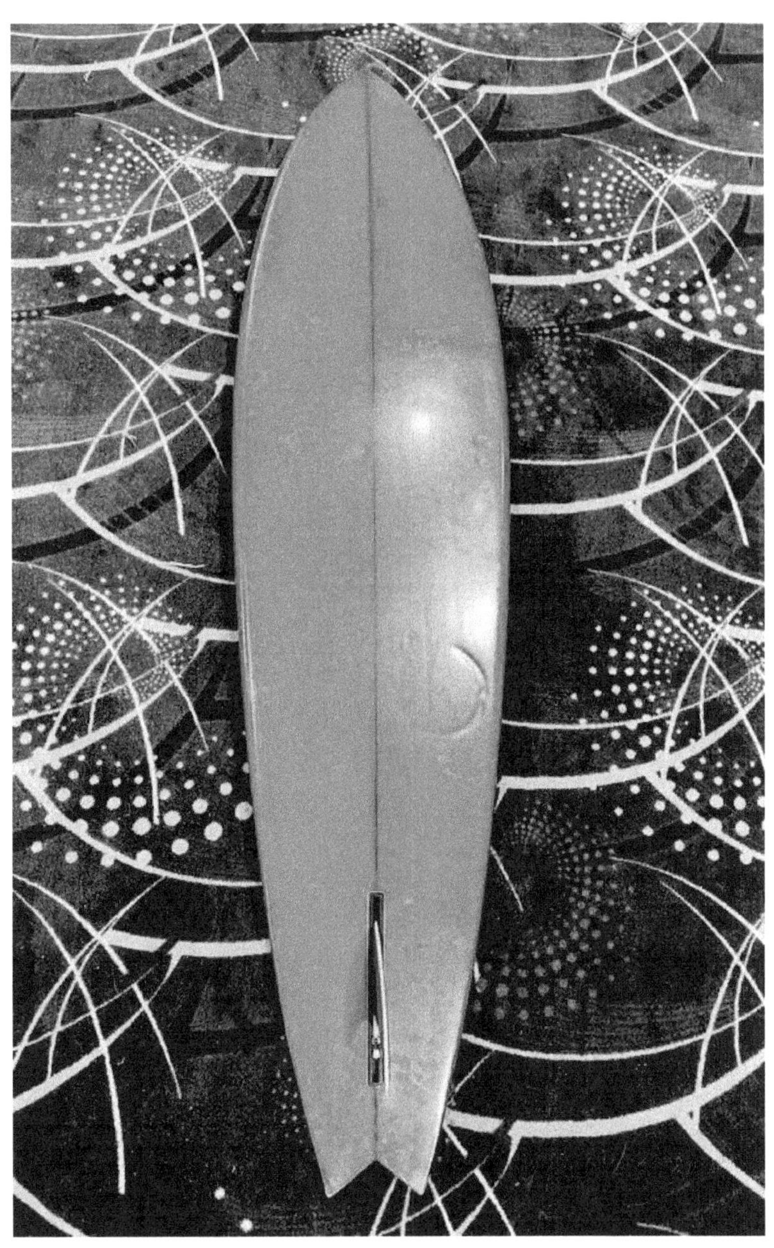

Michael Willis

Sunset Surfboards, Encintas, CA

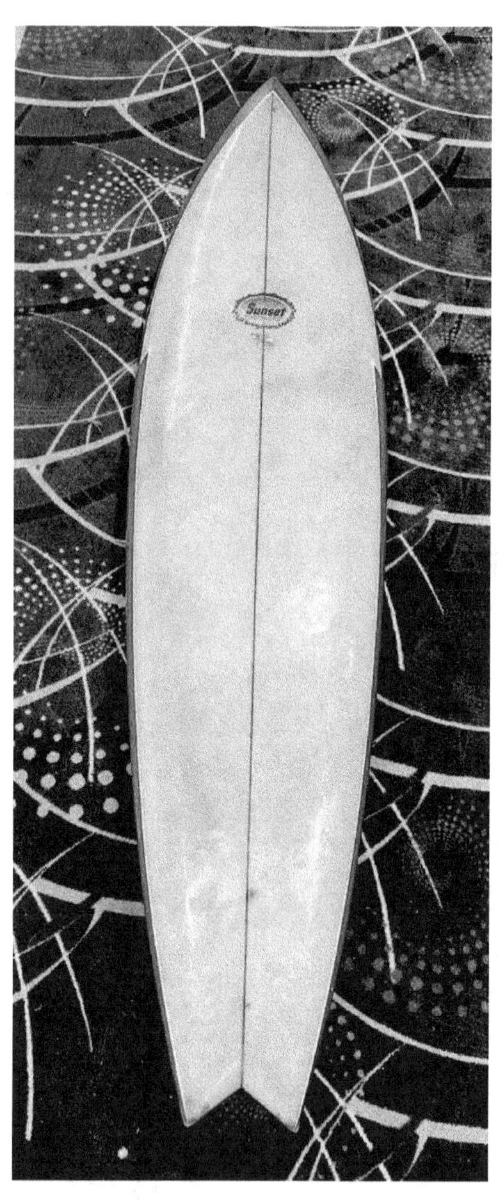

Michael Willis

Sunset Surfboards, Encintas, CA

Willis Hermanos Surf Shop

Hale‘iwa, Hawái

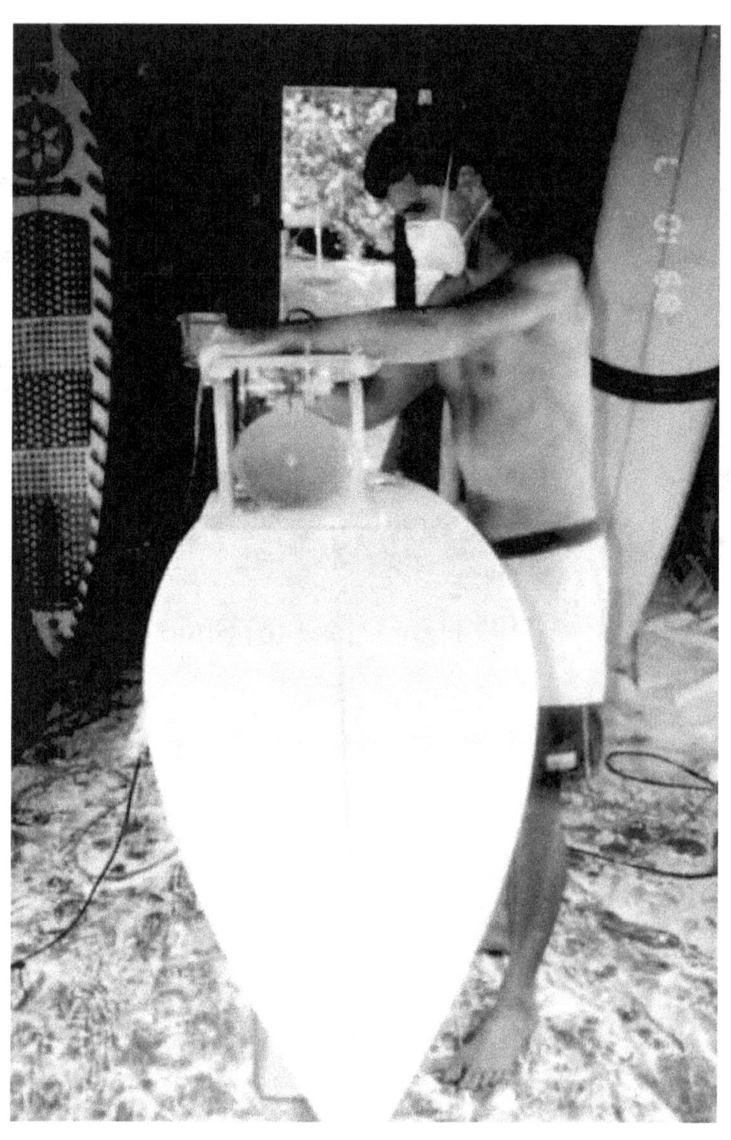

Michael Willis shaping bay

Sunset Point, Hawái

Foto: Brian Bielmann

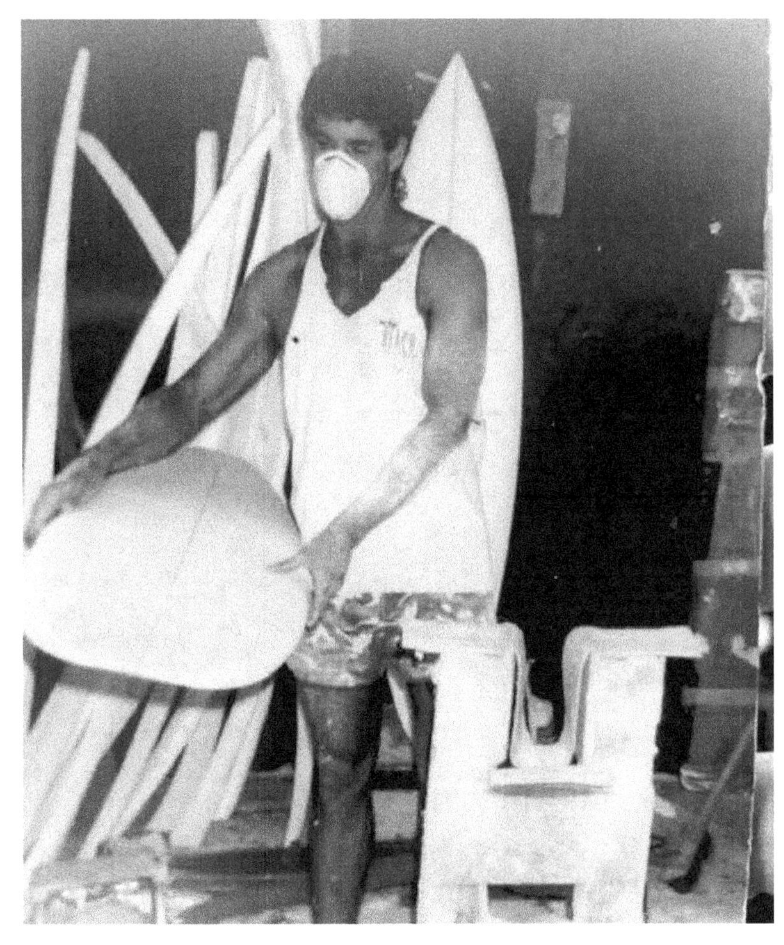

Milton Willis shaping bay

Sunset Beach, Hawái

Bruce Irons y Andy Irons

Michael Willis y Milton Willis

Foto: Brooks Sullivan

"Banzai Betty" Depolito

Sunset Beach, Hawái

Foto: Shirley Rogers

Willis Hermanos,

Bahía de Waimea

Foto: Paul Gordinho

Ace Cool's Salto de fe

Foto: Warren Bolster

Ace Cool - primera ola de 100 pies jamás surfeada y documentada.

Foto: Warren Bolster

Johnny Boy Gomes, Milton Willis, Peter Davi

Waimea Bay del libro Surfers

Milton Willis Pádel en

Waimea Bay

Foto: Brian Bielmann

Milton Willis

Código Negro I

Jason Magers, Código Negro II

Foto: John Bilderback

Michael y Milton, Código Negro II

Outer Log Cabins

Ken Bradshaw, Código Negro II, Outer Log Cabins

Foto: Hank Fotos

Michael Willis bosquejo

Artista: Terry Lamb

Michael Willis

Backyards, Sunset Point Hawái

Cheyne Horan, Robbie Page

Waimea Bay, North Shore Oʻahu

Duane le Compte

Willis Hermanos Armas Ola Grande

North Shore

Milton and Michael Willis, Haleʻiwa

Foto: Andy Martin, del libro Caminando sobre el agua

Michael Willis

Remar en, Ghost Tree, Pebble Beach, CA

Willis Hermanos collage, North Shore Hawái

Michael Willis, Marty Hoffman, Milton Willis

Guardianes de la Gran Ola estreno, Oceanside, CA

El correo electrónico de la Asociación de Salvamento de los Estados Unidos (USLA) agradeciendo a los hermanos Willis y confirmando que el Camino de los surfistas hawaianos para sobrevivir a las corrientes de resaca se ha incorporado en formato de pictograma.

De: USLA <webmaster@usla.org>

Fecha: Mon, Feb 24, 2020, 6:03 AM

Gracias por su aporte e interés en salvar vidas en las playas de surf. La USLA y nuestros socios en NOAA ocasionalmente revisan y revisan nuestros mensajes de seguridad de corriente de resaca de acuerdo con la ciencia más reciente y los aportes de expertos de todo el mundo. Después de una meticulosa revisión de dos años, hemos revisado los letreros, folletos y carteles en consecuencia. Como parte del proceso de revisión, se recopilaron aportes de científicos sociales, educadores, oceanógrafos, salvavidas y muchos otros entre nuestros socios en NOAA. Anteriormente había proporcionado información para alentar a las personas atrapadas en una corriente de resaca a nadar hacia las olas rompientes. Esto fue consistente con algunos otros mensajes que revisamos y consideramos prudentes, por lo que el nuevo consejo lo incluye en un formato de pictograma.

Los letreros y otros materiales educativos que proporcionamos son impresos y publicados por los gobiernos locales. Tienden a dejarse publicados hasta que se desgastan, un proceso que puede llevar muchos años. Por lo tanto, evitamos hacer cambios a menos que las razones estén sólidamente basadas en la ciencia. Después del largo proceso de actualización, imaginamos que los cambios futuros no se realizarán durante varios años. (El intervalo entre las dos últimas actualizaciones fue de unos 12 años). Gracias por su aportación, en particular su contribución anterior, que se incorporó.

Gracias, Asociación de Salvavidas de los Estados Unidos

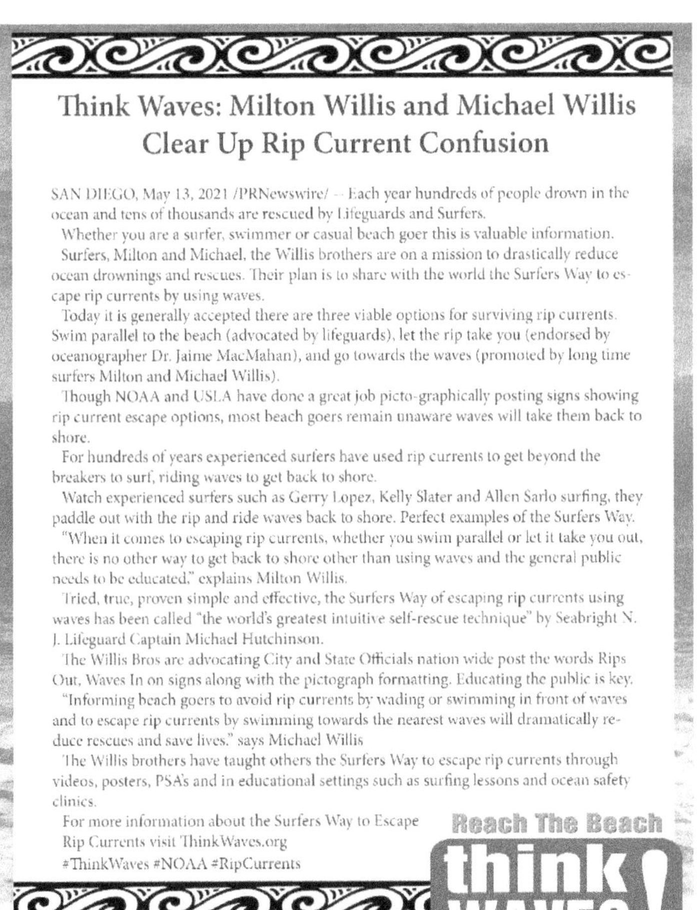

Think Waves: Milton Willis and Michael Willis Clear Up Rip Current Confusion

SAN DIEGO, May 13, 2021 /PRNewswire/ — Each year hundreds of people drown in the ocean and tens of thousands are rescued by Lifeguards and Surfers.

Whether you are a surfer, swimmer or casual beach goer this is valuable information.

Surfers, Milton and Michael, the Willis brothers are on a mission to drastically reduce ocean drownings and rescues. Their plan is to share with the world the Surfers Way to escape rip currents by using waves.

Today it is generally accepted there are three viable options for surviving rip currents. Swim parallel to the beach (advocated by lifeguards), let the rip take you (endorsed by oceanographer Dr. Jaime MacMahan), and go towards the waves (promoted by long time surfers Milton and Michael Willis).

Though NOAA and USLA have done a great job picto-graphically posting signs showing rip current escape options, most beach goers remain unaware waves will take them back to shore.

For hundreds of years experienced surfers have used rip currents to get beyond the breakers to surf, riding waves to get back to shore.

Watch experienced surfers such as Gerry Lopez, Kelly Slater and Allen Sarlo surfing, they paddle out with the rip and ride waves back to shore. Perfect examples of the Surfers Way.

"When it comes to escaping rip currents, whether you swim parallel or let it take you out, there is no other way to get back to shore other than using waves and the general public needs to be educated," explains Milton Willis.

Tried, true, proven simple and effective, the Surfers Way of escaping rip currents using waves has been called "the world's greatest intuitive self-rescue technique" by Seabright N. J. Lifeguard Captain Michael Hutchinson.

The Willis Bros are advocating City and State Officials nation wide post the words Rips Out, Waves In on signs along with the pictograph formatting. Educating the public is key.

"Informing beach goers to avoid rip currents by wading or swimming in front of waves and to escape rip currents by swimming towards the nearest waves will dramatically reduce rescues and save lives." says Michael Willis

The Willis brothers have taught others the Surfers Way to escape rip currents through videos, posters, PSA's and in educational settings such as surfing lessons and ocean safety clinics.

For more information about the Surfers Way to Escape Rip Currents visit ThinkWaves.org

#ThinkWaves #NOAA #RipCurrents

Willis Hermanos Piensa en las olas

PR Cable de noticias

Michael Willis comparte el Camino de los surfistas hawaianos para sobrevivir a las corrientes de resaca.

Ocean Beach Cuartel General de Salvavidas, CA

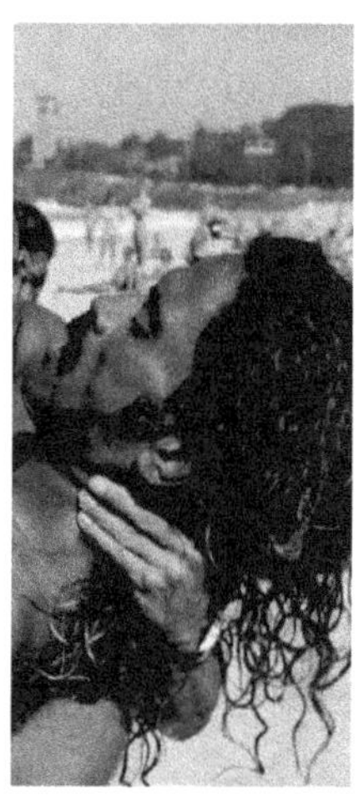

Titus Kinimaka salvar Waimea Bay

"El rescate más dramático en la historia del surf"

Surfeando olas de 100 pies

Entrevista a Willis Hermanos

A medida que pasa el tiempo, los hermanos Willis, Milton y Michael, se vuelven cada vez más míticos por sus mundialmente famosas aventuras, pruebas y tribulaciones de surf, incluido el surf de más de 100 pies de olas. Un gran paso adelante para el surf de olas grandes extremas, un gran salto adelante para la humanidad. Las siguientes tres preguntas entran en el corazón y el alma de los únicos dos humanos vivos que realmente se ha demostrado que surfean olas de 100 pies.

¿Cómo es? Descúbrelo con sus propias palabras…

Pregunta: Milton, ¿qué obtuviste de esta experiencia?

> **Milton:** *En primer lugar, fue la gratificación física inmediata, la emoción, la adrenalina, la prisa, la emoción. ¡¡¡Uau!!!*
>
> *Es como tu lugar feliz, te sientes realmente vivo, eso es lo que primero obtuve de él.*

Pregunta: ¿Cómo te hizo sentir esto?

Milton: *Pequeño e insignificante estar expuesto a ese gran poder, mayor que toda la intensidad de la eternidad en ese latido del corazón de un momento. Sentí una profunda conexión con un Poder Superior.*

Pregunta: ¿Qué mensaje tiene para los demás?

Milton: *Mi mensaje es que lo que sea que estés haciendo será mayor si te atas a una causa. Cuando haces algo que merece atención, positivo o negativo, muchas personas hacen cosas negativas para llamar la atención sobre una causa; Cada vez que haces algo que merece atención, globos oculares, es tu responsabilidad adjuntarlo a una causa. Mi causa es salvar vidas a través de la educación sobre seguridad oceánica, específicamente cómo sobrevivir a las corrientes de resaca en el camino de los surfistas ... arranca las olas.*

Mi propósito no es decir mírame que soy el mejor, mi propósito es decir mírame que seas lo mejor que puedas ser. Si Milton puede hacer esto, imagina lo que tú puedes hacer.

Pregunta: Michael, ¿qué obtuviste de esta experiencia?

Michael: *Una comprensión y apreciación más profunda de la condición humana cuerpo, mente y alma. El viaje de toda mi vida me había* *preparado y me había llevado a este momento monumental e histórico. No podría haberlo planeado tan perfectamente, ni haber soñado que yo, Michael Willis, algún día surfearía una ola de 100 pies.*

Me di cuenta de que todo se pone en movimiento por la mano de Dios, el sol ardiente, el viento, las olas y nuestras vidas. Soy consciente de que todo lo que atravesamos nos está preparando para desafíos futuros y eventos futuros incalculables. Y finalmente, la importancia de no solo vivir en el ahora, sino conectarse verdaderamente conectando con su Poder Superior en el ahora.

Pregunta: ¿Cómo te hizo sentir esto?

Michael: *Humilde. Lograr montar una ola de 100 pies es nada menos que un milagro. Nunca fue mi objetivo surfear una ola de 100 pies, fui elegido para hacerlo. Creo que todos somos elegidos para el bien mayor, para vivir para propósitos divinos más allá de nuestra comprensión.*

Surfeando una ola de 100 pies sentí una sensación de conexión humana y avance como si la humanidad pudiera ver a través de mis ojos. Un gran avance no solo para el surf de olas grandes extremas, sino también para la humanidad. El tiempo me ha dado la razón. Los surfistas de hoy persiguen el sueño de surfear una ola de 100 pies porque ahora se acepta como posible. Les mostramos el camino.

Pregunta: ¿Qué mensaje tiene para los demás?

Michael: *Confía en tu Poder Superior personal y deja que el amor te guíe. El amor te dará la fuerza y el coraje para superar obstáculos aparentemente insuperables y desafíos difíciles. Con amor todo es posible, yo soy la prueba y tú también.*

Agradecimientos

100 FOOT WAVE, Reino de Hawái, el libro oficial no habría sido posible sin las siguientes personas que han contribuido inmensamente a que esto suceda.

Comenzando con nuestros padres, Milton Eugene Willis y Sandra Willis, para quienes sin ellos nunca hubiéramos estado aquí en primer lugar.

Patty Willis y Billena Willis por estar allí durante este tiempo histórico en la historia del surf de olas grandes. Les encantó tanto como a nosotros.

Ed Searfoss por su servicio y calidad por encima y más allá. Ed acristaló las tablas de surf que los hermanos Willis usaron en "Código Negro I", el 25 de enero de 1998, y en "Código Negro II", el 28 de enero de 1998.

Robbie Page por localizar y señalar Outer Log Cabins en primer lugar, que resultó ser un gran calentamiento para las olas más grandes más lejos en Outside Paumalu. Y el mundo debería saberlo, Robbie Page nombró al Santo Grial del Surf de Olas Extremas las Olas Más Grandes del Mundo, JARDÍN DEL DIABLO.

Kurt Moran, alias Katalyst, por su sincera amistad y por su importante contribución, corrección y edición. Fue idea de Kurt escribir este libro.

También queremos agradecer y reconocer a Madre Océano y al Reino de Hawái, hogar del Surf extremo de Olas Grandes, la primera ola de 100 pies fotografiada y las olas más grandes jamás surfeadas hasta la fecha.

Y finalmente, GRACIAS y ALABANZAS al Poder Superior que fluye a través de nosotros. La misma potencia más alta detrás de la ola de 100 pies. Todo con amor.

Aloha ke Akua

Milton Bradley Willis y Michael Clebert Willis

Sobre los autores

Milton Bradley Willis –

Campeón del Mundo Surfista Extremo de Olas Grandes, filósofo, autor, músico y experto en seguridad oceánica. Metas, tener un impacto positivo en la comunidad y dejar al mundo un lugar mejor.

Michael Clebert Willis -

Campeón del mundo Extremo de Olas Grandes, autor, músico, filósofo, experto en seguridad oceánica y padre de tres hermosas niñas.

Otros libros de los autores

<u>Descubre la grandeza en ti</u>:

Palabras de sabiduría y empoderamiento para ayudarte a convertirte en la persona que estás destinado a ser. por Milton B. Willis y Michael C. Willis,

Editor: Azul Montaña Prensa

<u>MAREOMOTRIZ OLAS</u>: Historias de surf húmedas y salvajes

A través de una serie de historias apasionantes, los lectores serán transportados a diferentes rincones del mundo, desde el paraíso de los surfistas de Hawái hasta las remotas costas de la imaginación, y se les presentará a un elenco inspirador de surfistas, cada uno con su propia historia única de tribulaciones y triunfos.

<u>FUERTES CORRIENTES</u>: Historias de surf húmedo y salvaje

FUERTES CORRIENTES es un libro sobre el espíritu del surf, Aloha y positividad. Mientras te sientas a leer FUERTES CORRIENTES, es posible que no estés muy seguro de qué esperar. Sí, lo que sigue es una colección de cuentos de surf, pero lo que encontrarás en estas páginas es mucho más que eso. FUERTES CORRIENTES trata sobre historias de surf húmedas y salvajes basadas en experiencias de vida reales.

Todos están disponibles en Amazon Books y mejores librerías en todas partes.

Lecturas adicionales recomendadas

OLA DE 100 PIES

Este libro está escrito con el espíritu de Aloha.

El propósito de este libro es salvar vidas.

Recomendado para leer más...

La ciencia secreta de los milagros por Max Freedom Long

Autobiografía de un yogui por Paramahansa Yogananda

La Biblia, la Ilíada y la Odisea

Amar y respetar a todos,

Milton Bradley Willis

Michael Clebert Willis

Póngase en contacto con los hermanos Willis en 100ftPlusSurf.com y en Thinkwaves.org/home un sitio web sin fines de lucro 501 (c) 3 para obtener más información sobre consultoría de seguridad oceánica, obtener una descarga gratuita del póster Think Waves y hacer una donación.

9 798868 911668